난 오늘 뭘 해야
행복할까?

행복에 관한 작고
사소한 질문들

What
makes you
happy?

난 오늘 뭘 해야
행복할까?

피오나 로바즈 | 정윤희 옮김

책/ 이/ 있/ 는/ 풍/ 경

작은 변화가 얼마나 큰 차이를 가져오는지

직접 경험해 보세요.

무엇이 당신을 행복하게 하는가?

●

너무나 까다롭게 느껴지는 질문도
그 답은 생각보다 단순할 수 있다.

– 닥터 수스

여러분이 인생에서 가장 얻고 싶은 것이 무엇인가요? 대부분 사람들은 이렇게 답합니다. "그냥 행복했으면 좋겠어요." 대답이야 쉽지요. 그렇다면 행복이란 대체 어떤 모습을 하고 있을까요? 여러분은 지금 행복에 가까워지기 위한 삶을 살아가고 있습니까?

우리를 행복하게 만드는 것이 무엇인지 알기 위해서 복잡한 질문들을 이해하기 쉽게 풀어볼 필요가 있습니다. 여러분은 어떤 분야에 열정을 느끼나요? 여러분에게 희망을 주고 낙관적인 사고를 하도록 도움을 주는 것은 무엇이죠? 어떤 때 활력을 느끼나요? 이러한 질문에 대한 해답을 찾다 보면 여러분이 진정 원하는 삶이 무엇인지 정확히 그려낼 수 있을 겁니다. 그렇게 되면 우연치 않게 어떤 삶을 살아가게 됐다거나 여러분이 별로 소중하게 여기지 않는 것들을 위해 살지 않아도 되는 것입니다.

행복한 삶을 살기 위한 또 다른 방법은 여러분을 기쁘게 만드는 일들을 정확히 알고 스스로의 웰빙과 삶의 질에 더해나가는 것입니다. 웰빙이란 그럭저럭 살아가는 것을 넘어서 진정 가치 있고 풍요로운 삶을 뜻합니다. 그렇다면 현재의 위치에서 더 가치 있는 삶으로 나아가기 위한 방법은 무엇일까요? 행복으로 향하는 여정을 도와줄 지도는 없는 걸까요?

행복한 삶을 만들어 가는 것이 반드시 고되고 힘든 여정이 될 필요는 없습니다. 물론 엄청난 변화를 통해서만 더 건강한 삶을 영위하고 스트레스를 줄일 수 있는 사람들도 있겠지요. 하지만 더 행복한 삶을 살기 위해서 꼭 높은 산을 오르는 과정을 거쳐야 하는 것은 아닙니다.(물론 더 가파른 산을 오르다 보면 등산의 참맛을 느낄 수도 있겠지요!)

다행인 것은 단순하고 긍정적이고 건전한 선택과 행동을 통해서 웰빙, 즉 참살이에 한걸음 나아갈 수 있다는 것입니다. 강아지를 토닥인다거나 아이에게 책을 읽어준다거나 요리를 하면서 단순한 즐거움을 경험하고 이를 통해 엄청난 마음의 평화와 기쁨을 느끼는 사람들도 있습니다. 반대로 삶을 단순화시키는 과정에서 커다란 행복을 느끼는 경우도 있겠죠. 어수선한 집안을 정리하고, 건강한 삶의 습관을 개발하고, 휴식을 취할 수 있는 시간을 내고, 사랑하는 사람들과 함께 시간을 보내면서 잊고 있었던 행복을 다시금 느낄 수도 있을 테니까요.

이처럼 각자 다른 방식으로 다른 장소에서 행복을 느끼며 살아가지만 한 가지 공통점이 있습니다. 소중한 경험, 친구와 가족들 사이의 관계, 그리고 감사함과 연민을 느끼다 보면 삶이 더욱 가치 있어진다는 것입니다. 이를 통해 진정한 웰빙과 행복한 인생을 영위할 수 있게 되겠죠.

행복한 삶을 살기 위한 방법이 그렇게 단순한 거라면, 왜 우리는 아직 행복하지 않은 것일까요? 우리 중 대부분은 진정 행복해질 수 있는 삶의 방식과는 동떨어진 모습으로 살아가고 있기 때문입니다. 우리는 너무 정신없이 하루하루를 보내고 온갖 일로 스트레스를 받고 중요하지 않은 것들에 초점을 맞추면서 살아가고 있지는 않을까요? 경제성장을 이룩해야한다는 강박관념이 결국 자연 환경을 파괴하고 있습니다. 빈부의 격차도 심화되고 있고요. 이쯤에서 우리가 살아가는 방식에 대해 다시 재고해 봐야 할 필요가 있습니다. 건강하지 못한 삶의 방식 때문에 현대인들은 신체적으로 그리고 정신적으로 피폐해져 가고 있습니다. 만일 현재의 방식을 바꾸지 않는다면 우리는 더욱 불행해지고 절대 행복해질 수 없을지도 모릅니다.

우리를 행복하게 하고 이웃과 좋은 관계를 맺고 환경과 자연을 보존하기 위한 모든 해법들은 본질적으로 하나로 연결되어 있습니다.

누구나 머리와 마음에 더 많은 행복을 얻고자 하는 욕망을 가지고 있습니다. 스스로 더 행복해지고 싶고 더욱 희망차고 밝은 미래를 꿈꿀 수도 있겠죠. 자신이 가진 기술과 힘, 그리고 능력을 제대로 인정받고 싶을 수도 있습니다. 또는 지금보다 스트레스를 덜 받는 단순한 삶을 살고 싶을 수도 있습니다.

여러분의 행복, 그리고 이웃과 환경까지 지킬 수 있는 것들에 집중한다면, 스트레스를 줄이고 더 평온하고 행복한 인생을 살아갈 수 있습니다.

가능성의 길

이 책은 여러분이 오랫동안 지속 가능한 웰빙의 길을 찾아가도록 이끌어주는 안내서입니다. 진정한 웰빙을 위한 열쇠는 행복을 고취시키기 위한 일들로 일상을 채우고 여러분 자신과 주위 사람들을 돌보는 것에서 시작됩니다.

이 책을 통해 여분의 시간과 여러분이 처한 상황 속에서 더욱 큰 행복을 찾을 수 있는 길을 발견하기 바랍니다. 제 글을 읽고 더 많은 행복을 누릴 수 있는 여유는 물론이고 여러분의 인생에 긍정적인 변화를 가져올 수 있는 가능성을 모색할 수 있을 것입니다. 지금 현재 여러분이 누리고 있는 것들에 대해 감사할 수 있는 계기도 될 테고요.

이 책에서 소개하는 새로운 관점과 지식, 그리고 행동양식은 여러분이 누리고자 하는 이상적인 인생을 제시하기 위한 것입니다. 본인이 가진 가능성에 집중하고 상상을 현실로 만들기 위한 걸음을 내딛는 데 도움을 줄 거라고 자신합니다. 그 과정에서 주변 사람들, 공동체 그리고 주변 환경이라는 큰 그림 속에서 본인의 위치를 확인할 수 있습니다. 이 책은 여러분을 정상으로 이끌 하나의 안내서가 될 것입니다. 새로운 가능성을 끌어내고 꽃피울 수 있게 도와줄 것입니다. 그리고 여러분을 둘러싼 세상을 한 단계 발전시키는데 기여할 수 있도록 돕는 책이라고 생각하시면 됩니다.

책을 읽다 보면 더 행복한 인생을 살기 위해 도움이 되는 질문들이 여러 번 등장합니다. 1980년대, 인수 킴 버그는 스티브 드 세이저가 개발한 해결중심 상담법의 일환으로, 해결중심 접근법은 현재 삶에서 더욱 큰 만족감과 행복을 느낄 수 있는 변화를 이끌어 내기 위해 설계된 것입니다.

해결중심 접근법을 통해 행복을 얻는 것은 간단합니다. 물론 항상 쉬운 것은 아니지만요. 해결중심 접근법은 다음과 같이 진행됩니다.

1. 여러분의 인생에서 진정한 행복은 어떤 모습일지 아주 생생하고 세밀하게 그려보도록 하세요.
2. 그 속에서 여러분이 어떻게 행동하고 있는지 생각해 봅니다. 그리고
   ⅰ) 당신의 행동이 만족스럽다면, 그대로 진행합니다.
   ⅱ) 당신의 행동이 만족스럽다면 더욱 열심히 노력합니다.

iii) 당신의 행동이 불만족스럽다면 다른 행동 방침을 찾아봅니다.

3. 여러분에게 행복을 가져다주었던 일을 해낸 것에 대해서 자신을 다독여주고, 그 행복을 더욱 확장시킬 수 있도록 작은 변화들을 이끌어내기 위해 노력합니다.

모든 사람이 저마다 다른 것처럼 행복에 이르기 위한 길 또한 서로 다를 수밖에 없습니다. 이 책에서는 여러 사람에게 공통적으로 적용되는 해답보다는 다양한 범위의 질문들을 만날 것이고 그중에서 자신에게 맞는 것을 선택할 수 있습니다. 이를 통해 자신에게 적합한 것이 무엇인지 발견할 수 있는 실용적인 지침을 얻을 수 있을 겁니다. 이 책은 어떻게 살아야 한다거나 어떤 식으로 행동해야 한다고 제시하기보다는 더욱 행복한 미래를 얻기 위한 길을 제시하고 그 길에 머물 수 있는 선택을 계속하게끔 돕는 새로운 관점을 보여 드릴 것입니다. 무엇이 여러분을 행복하게 만들지는 궁극적으로 여러분 자신에게 달렸습니다. 누구도 여러분을 위해 행복이 무엇인지 정의할 수는 없을 테니까요.

1장에서는 여러분의 희망과 꿈을 들여다보는 작업부터 시작합니다. 이 과정에서 우리는 과거의 가장 찬란했던 순간을 살펴보고 더 밝은 미래를 위한 비전을 만들어 볼 수 있습니다. 다음의 질문을 생각하면서 제대로 한걸음씩 내딛어 보도록 하세요.

이번 여정을 통해서 여러분이 원하는 것을 전부 얻고 나면 어떤 점이 달라질까요?
이러한 변화가 여러분에게 어떤 이점을 가져다줄 것 같습니까?

그 변화가 여러분의 행복을 높여줄 수 있을까요?

여러분이 삶의 행복을 더 많이 느끼게 되면 주변 사람들이 그 변화를 어떻게 감지할 수 있을까요?

2장에서는 여러분의 인생을 총 10개의 영역으로 나누어 철저하게 파헤쳐 보도록 하겠습니다. 각각의 영역마다 여러 질문이 던져지는데, 이를 통해 스트레스를 줄이고 삶을 단순화할 수 있는 방법을 모색할 수 있습니다. 그리고 당장 오늘부터 시작할 수 있는 긍정적이고 실현 가능한 것들을 찾을 수 있습니다. 그렇게 하나씩 영역을 파헤쳐 나가면서, 그저 영감에 그쳤던 것들을 확실한 계획과 함께 실행에 옮길 수 있는 기회를 얻을 수 있습니다. 각 영역이 끝날 때마다 여러분은 자신과의 약속을 하게 됩니다. 그 과정에서 희미하고 어렴풋하게 느껴졌던 것들을 더욱 명확한 목표로 설정하고, 실제 생활에서 활용할 수 있는 전략을 세우시면 됩니다.

마지막 장에서는 여러분의 행복에 중점을 둔 계획을 세우는 것에 도움이 되는 것을 준비했습니다. 여러분이 원하는 변화를 이끌어 낼 수 있는 계획을 세워서 변화를 위한 과정을 지속하고 실수를 조절할 수 있을 겁니다. 또한 마지막 장을 진행하면서, 어려움이나 처음 계획을 수정하고 싶은 일이 생기면 처음으로 돌아와서 다시 시작할 수도 있겠죠. 이 영역에는 각 인생 영역을 오가며 여러분의 인생을 다시 살펴볼 수 있는 '큰 그림 그리기'도 포함되어 있습니다. 제 경우에는 내가 어떻게 인생 여정을 살아가고 있는지, 그리고 에너지를 다시 어디에 쏟아야 할지 정확히 할 필요가 있을 때, 큰 그림을 다시 그려보곤 합니다. 나아가 여러분의 복지와 행복을 든든히 지원해 줄 대대적인 생활방식 개선을 꾀할 수 있도록 도와줄 것입니다.

나만의 보폭 설정하기

우리의 삶을 이루고 있는 많은 부분들에 이 책은 좋은 가이드가 되어 줄 텐데요. 옷 입기, 가꾸기, 건강 증진하기와 웰빙, 생활공간 디자인까지 여러 조언들을 이 책을 시작하는 부분에서 소개해 드립니다. 그렇게 기분이 한껏 좋아지고 나면, 새로운 것을 시도하고 싶은 동기부여가 될 테니까요. 초기의 열정과 신체적 에너지를 상승시키고 나면, 더 어려운 문제를 헤쳐 나가는데 도움이 될 겁니다. 이러한 자기중심적인 영역을 변화시키면 바깥세상이나 다른 사람들이 연관된 직장 일이나 인간관계처럼 까다로운 문제를 해결할 수 있는 자신감이 생기게 됩니다. 해결하기 쉬울 것 같고 성공할 확률이 높은 문제부터 서서히 시작해 나가는 것이 중요하겠죠?

당신의 삶에서 딱 하나만 바꿀 수 있다면, 그것이 당신의 전체적인 행복에 가장 큰 영향을 미친다면, 그건 무엇일까요?

그 변화를 위해 작은 첫걸음을 내디뎌야 한다면 어떤 것부터 시작해야 할까요?

어떤 순서로 진행하는 것이 가장 좋을 것 같습니까?

질문에 답하기

각 주제별로 여러분이 고민해봐야 할 만한 질문들을 제시해 두었습니다. 좋은 질문이라고 막연히 생각하는 것과 그 질문에 대해 답하기 위해 노력하는 것 사이에는 엄청난 차이가 있습니다. 모든 퍼즐을 하나로 끼워 맞춰보면 여러분이 아는 것과 믿는 것이 무엇인지 명확히 가닥을 잡을 수 있을 겁니다. 여러 질문들을 해결하다 보면 무엇이 문제인지 그리고 어떻게 하는 것이 옳은 일인지 강한 확신을 가질 수 있을 거예요. 여러분이 원하는 미래의 정확한 비전을 만들고 어떤 그림을 그리고 싶은지 확실한 해답을 찾아보시기 바랍니다. 그것이 가장 중요한 일이기도 하니까요!

그렇다고 모든 질문에 답해야 하는 것은 아닙니다. 여러분의 상황에 걸맞은 부분만 답해 보세요. 나의 현재 상황에 어울리지 않는 질문이라고 생각될 경우, 다음과 같이 자문해 보도록 합니다.

나는 어떤 부분을 가장 심도 있게 파악하고 싶은가?
어떤 질문이 나에게 가장 적합한가?
내가 원하는 변화를 가져다줄 수 있는 해답은 무엇인가?
아니면, 그저 이렇게 자문해 보세요.
무엇이 나에게 가장 큰 행복을 가져다줄 수 있을까?

질문 속의 단어를 정확히 이해해야 합니다. 질문의 요지가 무엇인지 파악해 보세요. 만약 "어떤 부분을 다른 각도로 보고 싶습니까?"라는 질문이 나왔다면, 긍정적인 부분에서 다른 견지를 고민해 보면 됩니다. 혹여 여러분이 원치 않는 끝도 없는 질문들에 발목이 잡히지 않도록 유의해야 합니다. 만약 제시된 부분을 뛰어 넘어서 여러분이 원하는 포인트를 짚고 싶다면, "○○ 그 대신 내가 하고 싶은 것은 ○○ 이다." 라고 적어나가면 되겠죠.

주어진 질문에 어떻게 대답할지는 여러분에게 달려 있습니다. 말로 표현을 잘하는 사람도 있고 글로 표현을 잘하는 사람도 있으니까요. 아니면 혼자서 잘하는 사람이거나 누군가와 함께 할 때, 더욱 잘하는 사람도 있을 겁니다.

　　주어진 질문에 글로 대답하고 싶은가요, 아니면 말로 대답하고 싶은가요?
　　만약 말로 대답을 대신하고 싶다면 어떻게 그 말을 기록해 둘 수 있을까요?
　　만약 글로 대답을 하고 싶다면, 일기를 쓸 건가요?
　　아니면 블로그나 메모를 남길 건가요?
　　손 글씨가 나을까요, 아니면 컴퓨터를 활용하는 것이 좋을까요?
　　이외의 다른 방식으로 당신의 여정을 기록할 수 있는 방법이 있습니까?

격려의 말

여러분의 인생에 더 큰 행복을 가져다줄 여러 질문을 시작하게 된 걸 축하드리는 바입니다. 제가 소개하는 방법이 유용하게 쓰이고 더 행복한 삶을 위한 계획을 세우는 데 도움이 되기를 바랍니다. 행복으로 가는 여정, 그 자체로 뜻깊은 시간이 되고 여러분의 숨겨진 가능성을 발견할 좋은 기회가 됐으면 좋겠습니다.

이 책은 행복에 대한 다양한 연구를 바탕으로 개발된 것으로 책 뒷부분에 참고문헌 목록을 수록해 두었습니다. 물론 제가 공부했던 심리학과 미술치료, 경영학, 공중보건학의 영향을 받은 부분도 있습니다. 각 장에 제시된 질문들은 심리학자로 활동하면서 삶의 질을 높이고 싶어 했던 분들과 나누었던 경험을 바탕으로 만들었습니다. 그분들도 모두 해결중심 접근법의 긍정적이고 진보적인 스타일에 만족하셨답니다.

저 역시도 이 책을 집필하는 과정에서 많은 것을 얻었습니다. 이 책에 나오는 질문을 제 자신에게 자문해 보고 행동을 실천해 보았거든요. 그리고 더 큰 행복을 얻고 제 인생의 의미를 찾는 데 도움이 되었던 모든 것들을 여러분과 나누고 싶다고 생각하게 되었습니다.

이 책의 많은 부분들이 새로운 목표를 설정하고 의미 있는 삶을 살기 위한 선택을 제시하고 있지만, 무엇보다 중요한 것은 결과가 아니라 행복을 찾아가는 과정에 있다는 점을 잊지 마세요. 행복은 우리가 그 순간순간을 어떻게 살았는지에 대한 결과물이 아닙니다. 행복은 어렵게 여러분의 목표를 탐구한다고 해서 찾을 수 있는 것도 아닙니다. 항상 결과보다 그 과정이 중요하다는 것을 기억해 두시기 바랍니다.

CONTENTS

행복으로 가는 길

WHAT
MAKES
YOU HAPPY
PART 1

ROAD TO
HAPPINESS

큰 그림을 그려라

행복은 용기를 바탕으로 이루어지는 것이다.

- 조지 홀브룩 존슨

높은 곳에서 여러분의 인생을 내려다본 적이 있나요? 저만치 물러서서 큰 그림을 살펴보세요. 새들은 아주 먼 거리에서 사물을 관찰합니다. 저 역시도 같은 이유로 비행하는 것을 매우 좋아하는데요. 머릿속으로 구름이 떠 있는 높은 곳까지 올라가서 제 인생을 내려다본다고 상상하면서 이런 질문을 던집니다. 나는 지금 올바른 방향으로 나아가고 있는 걸까? 내가 지금 하는 일이 진정 내가 원하는 일인가? 무엇보다 중요한 질문은 바로 이것입니다. 무엇이 나를 행복하게 만드는가? 여러분의 인생에 손을 쓰지 않으면 안 될 정도로 급박한 순간이 닥칠 때까지 기다리지 마세요. 먼저 용감하게 중요한 질문들과 맞서야 합니다. 지금 당장 말이에요!

★

당신은 삶의 어떤 면이 만족스러운가요?
언제 가장 행복합니까?
삶의 올바른 방향성을 느끼는 때는 언제입니까?
남들에게 어떤 칭찬을 가장 듣고 싶은가요?
밤하늘에 떨어지는 별똥별을 보면 어떤 소원을 빌고 싶습니까?

행복은 생각보다 가까이 있다

지식보다 중요한 것은 바로 상상력이다.
- 앨버트 아인슈타인

더욱 행복하고 밝은 미래를 위해서 여러분의 삶에서 작은 변화를 만들고 싶다고요? 지금도 늦지 않았습니다. 우리에게 주어진 삶을 여기서 만족하고 멈추기에는 인생은 너무 짧고 소중하니까요.

한걸음 더 나아가기 위해서는 어느 곳을 향해 걸어가야 할지 깨달아야 합니다. 우리는 마음속에 이상적인 자아상을 그려 놓고 그것을 이루기 위해 앞으로 나아가야 할 목표를 설정할 수 있습니다. 더욱 행복하고 밝은 미래를 정확히 머릿속에 그리다 보면, 그 목표에 도달하기 위한 최선의 선택을 할 수 있게 됩니다. 다음의 질문 하나만 염두에 두면 될 테니까요. 지금 내가 하려는 선택이 그 목표를 이루게 할 것인가?

물론 목표는 상황에 따라서 얼마든지 변할 수 있습니다. 세상을 살아가다가 처음 목표했던 것보다 더욱 중요한 것을 발견하게 된다면 언제든 목표를 수정할 수 있습니다.

때로는 여러분이 원하는 목표를 쉽게 이룰 수 없을 것 같다고 느낄지도 모릅니다. 그럴 때면 너무 큰 꿈을 꾼 게 아닌가 싶어 걱정스럽겠죠. 하지만 정말 놀라운 일은 지금까지 살아온 인생의 여정을 되돌아볼 때 생기게 마련입니다. 눈앞이 깜깜해질 정도로 어려운 문제에 처하거나 절대로 이룰 수 없을 거라고 믿었던 목표들이 상상했던 것보다 쉽게 해결되었던 적이 한번쯤은 있을 겁니다. 절대로 이루지 못할 거라고 생각했던 일이 성공했을 때, 우리는 스스로에게 놀라게 됩니다. 그러므로 늘 성공한 자신의 모습을 상상하며 그려보세요. 그 모습에 가까이 가고 있는 자신을 발견하게 될 것입니다.

★

지금의 모습을 상상조차 하지 못했던 과거의 순간이 있었나요?
앞으로 다가올 미래에 그와 유사한 변화를 가져올 수 있다면 그건 무엇인가요?
어떤 행동을 변화시켜보고 싶습니까?
당신의 소중한 친구가 당신에게 바라는 점은 무엇일까요?
앞으로 어떻게 살고 싶습니까?

• Creative Challenge •

바로 여기서 여러분의 창조적인 도전을 위한 첫걸음이 시작됩니다. 다음의 도전들 속에서 여러분의 인생을 다른 관점에서 바라볼 수 있는 영감과 동기를 얻기를 바랍니다. 단, 어떤 대답이 나오든 그것이 옳다거나 그르다거나 좋고 나쁘다고 판단할 수 없다는 점을 기억하세요.

펜이나 색연필, 콜라주 등을 이용해 그림을 그리거나 혹은 50개의 단어로 지금 인생에서 그대로 간직하고 싶은 것들을 그대로 그리거나 적어보세요. 그러는 동안 어떤 점에서 변화를 가져오고 싶은지, 본인의 어떤 점이 마음에 들고 현재의 삶이 어떤지 머릿속에 그려봅니다. 앞으로 이루고자 하는 부분이 있다면 그 점도 머릿속에 떠올려 보세요.

• 위의 과정을 진행하는 동안 어떤 기분이 느껴졌습니까?
• 현재 당신의 모습과 인생에서 가장 큰 즐거움을 주는 것은 무엇이었나요?
• 그런 좋은 부분을 더욱 강화하기 위해서 일상생활에 어떤 변화를 줄 수 있을까요?
• 당신의 인생에 있어 좋은 측면을 더욱 강화시키기 위해서 어떠한 행동을 실천에 옮길 수 있을까요?

균형 잡힌 삶을 살라

미래에 관한 한, 여러분이 할 일은 미래를 예견하는 것이 아니라
이를 가능케 하는 것이다.

– 앙투안 드 생텍쥐페리

때로는 균형 잡힌 삶을 유지한다는 것이 외줄타기처럼 아슬아슬하게 느껴질 때도 있을 겁니다. 지나치게 많은 일이 주어지게 되면, 균형 잡기가 쉽지 않죠. 어느 한 분야에 집중하다 보면 나머지 것들을 간과하게 되어 결국 모든 일들이 어긋나기 시작할 테니까요. 어느 한쪽에 에너지를 쏟아야겠다고 결심한다면, 한동안은 괜찮을지 몰라도 결국에는 이렇게 자문하게 됩니다. 지금 내가 제대로 균형을 잡고 있는 걸까?

여러분 인생의 다채로운 부분들을 하나씩 떠올려 보세요. 여러분이 맡은 역할과 여러분이 하는 일 모두 다 말입니다. 이 책에 분류되어 있는 것처럼 다양한 삶의 영역을 떠올려 보는 것도 좋습니다. 인생 영역의 각 분야와 행동 부분에 평균 어느 정도의 시간을 할애하고 있나요?

하루 24시간을 어떻게 사용하고 있는지 정확하게 그림을 그려보도록 합시다. 종이를 꺼내서 동그라미 두 개를 나란히 그려보세요.

여러분이 어떻게 시간을 할애하는지를 그려보면 무엇이 인생에서 가장 중요한 것인지 알 수 있습니다. 첫 번째 동그라미에는 24시간을 나누어, 지금 현재 어떤 식으로 일상생활을 보내고 있는지 그려봅니다(첫 번째 동그라미는 현재의 삶의 균형을 보여줍니다). 수면이 전체적인 웰빙에 중요

한 역할을 한다면, 동그라미 속에 넣으세요. 만약 하루 24시간을 어떻게 할애하고 있는지 정확치 않다거나, 더욱 정확하게 그려보고 싶다면 하루나 이틀 정도 일기를 써보는 것도 좋습니다.

이번에는 두 번째 동그라미(두 번째 동그라미는 새로운 삶의 균형을 뜻합니다)를 어떻게 그리고 싶은지 생각해 보세요. 어떤 분야에 더 많은 에너지와 관심을 기울이고 싶은가요? 예를 들어 가족, 공동체, 운동, 레저, 직장 등으로 분류하여 어떤 부분에 더 많은 시간과 에너지를 할애하고 싶은가요? 소소하지만 여러분에게 중요하거나 즐기고 싶은 시간을 살짝만 늘릴 수도 있겠죠. 두 번째 동그라미를 표시해보면, 웰빙과 행복을 위한 삶의 방식이 어때야 하는지 파악할 수 있습니다.

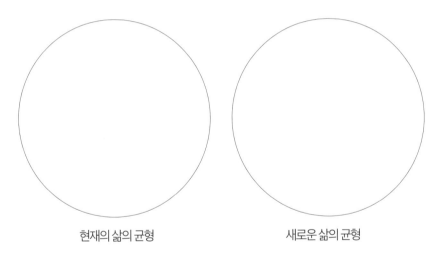

현재의 삶의 균형   새로운 삶의 균형

★

하루 24시간을 어떤 식으로 할애하고 있나요?
여러분의 인생에 변화를 주기 위한 여유 시간은 어떻게 만들 수 있을까요?
어떤 분야에 관심을 집중하고 싶습니까?

혼자서 어려움을 견디지 마라

혼자서는 아주 작은 일밖에 할 수 없지만
여럿이 모이면 매우 큰일을 해낼 수 있다.

― 헬렌 켈러

때로는 어떤 일을 마무리하기 위해서 혼자 씨름하는 것이 나을 때도 있습니다. 다른 사람이 일하는 방식이나 선호하는 부분까지 고려해가며 일을 하는 게 더 힘들 수도 있을 테니까요. 하지만 다른 사람과 힘을 합치면, 혼자 할 때보다 더욱 풍요롭고 위대한 결실을 맺을 수 있습니다.

'우분투(Ubuntu)'는 아프리카 반투어로 '우리가 함께 있기에 내가 존재한다'는 뜻입니다. 다른 사람들과의 관계를 통해서 나라는 존재를 끝없이 자각하고 유지해 나갈 수 있다는 것을 의미하는 것입니다. 우리는 주변 사람들, 나아가 전 인류와의 관계를 통해서 힘을 얻습니다.

여러분의 인생을 변화시키기 위한 여정에 도움을 줄 수 있는 사람들을 물색해 보세요. 다른 사람들과 함께 일을 할 때 가장 행복한 것은 여러분이 성취한 것에 공감하고 함께 기뻐해 줄 수 있는 사람이 생긴다는 것입니다. 다른 사람이 여러분의 변화를 눈치챘을 경우, 적당한 피드백과 격려를 해줄 것이고 이는 새롭게 변화한 시각을 굳히는 데 도움을 줍니다.

나아가 새롭게 변화를 하고 난 후에 주변의 중요한 사람들과 어떤 식으로 관계를 이어나갈 것인지도 고민해봐야 합니다. 인생에 변화를 가져온다는 것은 주변 사람들과의 관계에도 영향을 미칩니다. 인생을 변화시켜야겠다고 생각하지만, 가장 중요한 것이 사람들과의 관계를 지금처럼 그대로 유지하는 것일 수도 있으니까요. 가장 이상적인 것은 당신이 원하는 삶을 지지해 줄 사람들을 주변에 두는 것입니다. 당신이 어떤 사람이 되던 기쁘게 환영해 줄 수 있는 그런 사람들 말입니다.

★

당신이 최상의 자리에 있을 때 이를 응원해 준 사람은 누구인가요?
어려움이 닥쳤을 때 당신이 딛고 일어설 수 있도록 도와준 사람은 누구였습니까?
도저히 자신 없는 일을 마주했을 때 다른 사람들이 용기를 북돋워 준 적이 있나요?
주변 사람들에게 특별히 도움을 구하고 싶은 일이 있나요?
다른 사람에게 도움을 구할 때는 어떻게 합니까?

과거의 경험을 미래의 자원으로 삼아라

자신의 경험을 되짚어 보라. 그 중 쓸모있는 것은 받아들이되,
쓸모없는 것은 버리고 자신이 가진 개성을 더하라.

- 브루스 리

　인간은 누구나 시련을 경험하게 됩니다. 예기치 못한 상황이나 문제에
부딪혔을 때 해결하는 가장 좋은 방법은 잠시 멈추어 서서 성공적이었
던 아니건 간에 과거의 경험을 떠올려 보는 것입니다. 과거에 시련을 이
겨냈던 것을 떠올림으로써 미래에 다가올 시련을 이겨낼 기술을 터득할
수 있습니다. 과거 시련을 이겨냈던 것을 반추함으로써 소중한 교훈을
얻어 다시금 시련을 이겨낼 수 있을 테니까요. 물론 과거의 경험을 적용
해 보아도 문제가 해결되지 않으면, 다음에는 다른 방식으로 행동하는
현명함을 보일 수도 있겠죠!

★

지금까지 어려운 일이 생기면 어떤 식으로 해결했습니까?
어떤 식으로 조력을 받으면 상황을 해결하는 데 도움이 될까요?
미래에는 어떤 식으로 다르게 행동할 예정입니까?
이번에는 문제를 해결하기 위해 어떻게 행동했나요?

명확한 계획을 세워라

우리는 작은 변화를 통해서 진정한 삶을 살게 된다.

– 레프 톨스토이

대부분의 경우 꿈을 이루고 목표를 성취한다는 것이 쉽지만은 않습니다. 하지만 이번에는 실패하면 안 되겠죠. 먼저 명확한 계획을 세워서 반드시 꿈을 이뤄야 합니다. 목표를 굳이 거창하게 설정할 필요는 없습니다. 지저분한 옷장을 정리하고 새로운 운동 프로그램을 시작하고 혹은 새로운 기술을 익히는 것을 목표로 삼을 수도 있겠죠.

제일 먼저 여러분이 이루고 싶은 것이 무엇인지 명확히 해야 합니다. 지금 그 목표가 왜 중요한가요? 만약 그 목표를 이룬다면 어떤 이익을 얻을 수 있을까요? 이번 프로젝트로 이익을 볼 수 있는 사람은요? 목표를 성공적으로 이룬 것을 어떤 식으로 인지할 수 있을까요?

다음의 스마트(SMART) 규칙을 따른다면 여러분이 원하는 목표에 충분히 도달할 수 있을 겁니다.

Specific(구체성)

정확히 어떤 일을 할 계획입니까? 어떠한 과정을 거칠 계획인가요?

Measurable(측정법)

만약 성공했을 경우, 이를 어떻게 검증할 수 있나요?

목표에 성공했다는 것을 어떻게 알 수 있죠?

Achievable(성취도)

어떻게 목표를 성취할 수 있을까요?

누구와 협력할 예정입니까?

목표를 성취하기 위해 특별히 필요한 자원이 있나요?

Realistic(현실성)

목표가 실현 가능한 것이라는 근거가 있습니까?

어떤 면에서 문제가 생길 수 있나요?

만약 문제가 생긴다면 어떻게 처리할 계획입니까?

Time-limited(시간제한)

언제까지 목표를 실현하고 싶은가요?

여러분이 성취하고 싶은 목표를 명확히 정했다면, 이제는 구체적인 행동 방침을 결정해야 합니다. 앞으로 어떤 단계를 거칠지 순서를 정해보세요. 다른 사람과 함께 작업할 예정이라면 누가 될지 결정해야 합니다. 각 단계별로 예상되는 소요시간을 기록해 봅니다. 어떤 자원(가령 새로운 런닝화나 미술용품, 혹은 정리용 상자가 필요할 수도 있겠죠?)이 필요한지 생각해 봅니다. 마지막으로 예산은 어느 정도가 필요한지 계산해 봅니다. 어떤 전략이 필요한지, 세부적인 실행계획은 어떻게 잡을지도 계획 단계에서 결정합니다. 혹여 목표를 실현함에 있어 문제가 생길 소지가 있는지, 그런 문제가 닥치면 어떻게 해결할지도 미리 고민해 두세요.

이제는 계획을 실행에 옮길 시간입니다. 목표를 향해 나아가는 동안, 일련의 과정에 최대한 집중해야 합니다. 어쩌면 전혀 예상치 못했던 방해물이나 걸림돌이 나타날 수도 있겠죠. 그런 경우, 어떻게 계획을 다시 정상궤도로 돌릴 것인지가 중요한 문제가 될 겁니다. 필요하다면 계획을 수정할 수도 있습니다. 여러 사람과 함께 행동하고 있다면 꾸준히 대화를 나누고 서로 격려와 조력을 아끼지 말아야 합니다.

드디어 목표를 달성했다면 이제 축하할 일만 남았습니다! 충분히 시간을 가지고 성취감을 만끽하세요. 성공과정을 되짚어보면서, 실수로부터 교훈을 얻고 다음에는 어떤 식으로 해야 최선일지 가늠해 볼 수도 있겠죠. 이번 기회에 전혀 예상치 못했던 교훈을 얻었나요?

★

시작부터 마무리까지 수월하게 진행된 프로젝트를 되짚어 보세요.
여러분과 동료들은 어떻게 프로젝트를 성공으로 이끌었습니까?
예기치 못한 문제가 발생했을 때, 어떻게 대처했나요?
미래에 새로운 프로젝트를 진행한다면 어떤 교훈을 마음에 새기고 싶은가요?

미뤄왔던 일을 시작하라

믿음을 갖고 첫걸음을 내딛어라.
계단을 전부 볼 필요도 없다. 그냥 발을 내딛으면 된다.

– 마틴 루터 킹

차일피일 미루는 버릇 때문에 꿈을 이루지 못하고 있나요? 꾸물거리는 습관은 누구에게나 있습니다. 그래서 자신이 진짜 하고 싶은 일 대신 다른 일에 시간을 보내기 십상입니다. 하지만 여러분의 꿈을 찾아가는 여정은 지금 시작해도 늦지 않습니다.

오늘 날, 우리 주변의 셀 수 없이 많은 볼거리들이 눈길을 끌고 찰나의 만족감을 선사합니다. 현대 사회는 밤낮을 가리지 않고 우리들의 눈과 귀를 유혹합니다. 게다가 혹시나 실패하면 어쩌나, 너무 힘들면 어쩌나 싶은 두려움마저 우리를 머뭇거리게 만들죠. 자꾸만 할 일을 미루다 보면 스트레스도 점점 쌓이게 마련입니다.

여러분은 말도 안 되는 변명이나 현 상황을 정당화하는 습관에 맞서야 합니다. 여러분이 이뤄야 하는 목표와 그 중요성에 집중하세요. 목표를 이뤄냈을 경우를 시각화하고, '해야 할 일 목록'을 하나씩 지워가는 즐거움을 떠올려 보세요. 혹시라도 목표하던 것을 삭제해야 할 만한 이유가 생긴다고 해도 크게 신경 쓸 필요 없습니다. 죄책감을 느낄 필요도 없이 그냥 지워버리면 됩니다.

여러분이 이루고자 하는 목표를 세분화시켜서 각각의 것들을 완성해 나가는데 얼마나 시간이 걸릴지 계산해 보세요. 정신을 산란하게 만들 만한 것들은 미리 없애두고 일단 시작하는 것이 중요합니다. 집중하는 거죠. 먼저 한발을 내딛고, 그 다음 단계로 나아가면 됩니다. 최종적인 목표에 연연하지 말고 지금 하는 세부적인 목표에 집중하세요.

시작하지 않는다면 결국 아무것도 이룰 수 없습니다. 만약 해야 할 일이 있다면 지금 당장 시작하세요. 그렇지 않다면, 마음 편히 휴식을 취하면 됩니다!

★

여러분이 이루고자 하는 일을 시작하지 못하도록 하는 변명거리들은 어떤 것인가요?
앞으로 목표를 이루는 데 방해가 되는 일이 생기면 어떻게 대처할 계획입니까?
당신의 '편안한 영역' 밖으로 걸음을 내딛기 위해 어떻게 노력할 생각인가요?
올해 가장 이루고 싶은 목표가 무엇입니까?

하루 다섯 가지의 행복한 습관을 만들라

인간은 반복적인 행동에 따라 평가된다.
따라서 탁월함은 하나의 행동이 아니라 습관이다.

– 아리스토텔레스

여러분은 하루에 몇 가지의 행복한 습관을 행동에 옮기고 있나요? 일상에 성취감과 즐거움, 그리고 에너지를 불어넣어 줄 단순하고 즐거운 일들이 매우 많습니다.

여러분 일상에 다섯 가지 행복한 습관을 더해보세요. 건강을 위한 것들(가령 30분 동안 운동을 한다거나 녹차를 마신다거나 하는 것), 나누고 베푸는 것들(타인에게 친절을 베풀 수도 있을 테죠), 여가를 즐기는 것(가령 독서를 하거나 영화를 보는 것), 혹은 단순히 즐거움을 얻기 위한 것(오랫동안 친구와 전화로 수다를 떨거나, 포크 대신 손가락으로 음식을 먹는 것 등)도 무방합니다. 여러분의 건강과 웰빙, 그리고 행복을 위해 다섯 가지 행복한 습관을 골라보세요.

제일 먼저 극복해야 할 것은 다섯 가지 '행복한 습관'들을 여러분의 일상생활에 녹아들도록 하는 것입니다. 오른쪽 표처럼 체크리스트를 만들어서, 하루하루 여러분이 행한 것들을 지워나가도록 합니다. 일단 일주일 중에서 가장 편한 날을 선택하고 7일간의 체크리스트를 만듭니다(월요일은 새로운 습관을 시작하기에 너무 스트레스가 많은 날이라고 하는 사람들도 있습니다). 그리고 일주일 동안 '행복한 습관'을 꾸준히 계속할 수 있는지

시험해 봅니다. 만약 성공한다면 여러분의 일상에 행복한 습관들이 이미 자리 잡았다고 볼 수 있습니다.

나의 다섯 가지 '행복한 습관'	월	화	수	목	금	토	일
1.							
2.							
3.							
4.							
5.							

★

크던 작던, 어떠한 행동들이 당신의 일상에 행복을 더해주나요?
당신의 일상에 다섯 가지 '행복한 습관'을 더한다면 어떤 것이 좋을까요?

건강과 행복을 위한 일상을 계획하라

위대한 일은 갑자기 일어나는 것이 아니다.
작은 일들이 연속해서 어우러질 때야 비로소 일어난다.

– 빈센트 반 고흐

혹시 이런 생각해본 적이 있습니까? "지금 하는 일을 조금 줄이고 다른 일을 하면, 훨씬 더 행복해질 것 같다." 어떻게든 잠시 뒤로 미뤄두고 싶거나, 매번 여러분을 힘들게 만드는 일은 없나요? 원치 않는 일을 줄이기 위한 가장 좋은 방법은 그 시간에 여러분이 하고 싶은 일을 규칙적으로 해나가는 것입니다.

뭔가 특별한 일을 새로 시작해 보고 싶다면, 그 일을 규칙적으로 하는 습관을 들일 수 있도록 일상을 계획하는 것이 좋습니다. 일상은 또한 의사결정의 과정을 배제하는 것입니다. 순간순간 망설이다 보면 더 나은 선택을 하지 못할 위험도 있으니까요. 때문에 하루에 선택을 해야 하는 순간을 대폭 감소시킴으로써 우리를 더 건강하고 행복하게 해줄 일들을 성취할 가능성을 높일 수 있습니다.

저의 경우, 다이어리를 만들어서 제가 하고 싶은 일들을 규칙적으로 해나가는 편입니다. 정확히 내가 원하는 일과 그에 할애되는 시간을 계획해 두는 거죠. 나 자신과 약속을 정하는 것처럼 말이에요. 어떤 사람들은 PDA와 같은 전자 기기를 활용하는 것이 일기장이나 메모장을 활용하는 것보다 효율적이라고도 합니다. 여러분에게 주어진 시간을 창의적으로 할애할 수 있는 방법을 생각해 보세요. 단기간 출장을 갈 때, 혹은 점심시간을 활용해 새로운 공부나 운동을 하는 좋은 기회로 삼을 수 있습니다.

하루하루의 일상이 다소 지루하다고 느껴진다면, 에너지와 시간을 자유롭게 할애할 수 있는 쪽으로 바꾸어 보세요. 일회성 이벤트가 아니라면, 짧은 시간에 일을 끝내는 것으로 에너지를 덜 소비할 수 있습니다. 지루함을 절대 견디지 못하는 성격이라면, 매주 초에 새로운 계획을 세워보는 것도 좋습니다. '하루 30분 걷기'처럼 매주 새로운 목표를 세우고, 매일 목표를 성취했는지 여부를 기록합니다. 만약 여러분이 계획한 목표를 성취하는 데 걸림돌이 된다면, '유연한 사고'를 과감하게 이겨내려고 노력해야 합니다.

★

가장 현실적이고 균형 잡히고, 건강하고 행복한 일상은 어떤 모습일까요?
계획적이고 규칙적인 일상은 어떤 모습일까요?
더 많은 행복을 느낄 수 있는 일주일을 위해 무엇을 하고 싶습니까?

건강과 행복을 위한 일주일 계획							
	월	화	수	목	금	토	일
새벽							
오전							
정오							
오후							
늦은 오후							
저녁							
자정							

내가 하고 싶고 원하는 것을 써 넣으세요.

발전적이며 창의적인 습관을 매일 조금씩 길러보세요.

인생을 즐겁게 하는 나만의 취미를 지금 시작하세요.

리스트 작성하기

빨리 가고 싶다면 천천히 가라.

- 노자

앞으로 해야 할 일들을 떠올리면서 스트레스를 받은 적이 있습니까? 삶은 하루가 다르게 바쁘게 돌아가고 반대로 시간은 턱없이 부족하게 느껴집니다. 리스트를 작성하면 시간과 에너지를 자유롭게 할애할 수 있습니다. 우선적으로 해야 할 일을 한눈에 볼 수 있고 지나치게 많은 것들을 암기해야 하는 부담도 덜 수 있게 됩니다. 이렇게 해야 할 일들을 정리해 놓은 것은 '끝마쳐야 할 일의 목록'으로, 하나씩 목록을 삭제해 나가는 희열도 맛볼 수 있게 해줍니다.

크건 작건, 여러분이 이루고 싶은 일들을 빠짐없이 기록해 보세요. 그리고 중요도에 따라서 상·중·하로 나눕니다. '상' 목록에 적은 것은 다음 날까지 끝마쳐야 하는 것입니다. '중'이나 '하' 목록에 적힌 것들은 자신에게 맞는 시간 내에 완료하도록 합니다. 긴급함과 중요도 사이에 균형을 맞춰야 하고, 가장 중요한 일이 반드시 긴급한 사안이 되는 것은 아닙니다. 급한 일은 아니지만 중요한 일이 있다면, 일부러라도 시간을 할애하도록 노력해야 합니다.

막상 리스트를 작성하니 너무 복잡하고 부담스럽게 느껴진다면, 일단 시작하려고 노력하고 혹시 도움을 줄 수 있는 사람이나 자원이 없는지 생각해 보세요. 가장 쉬운 일부터 그리고 눈에 띄는 변화를 가져다줄 수 있는 일부터 시작해 보세요.

자꾸만 미루는 습관 때문에 짜증이 난다면 과감하게 이에 맞서야 합니다. 리스트에 적은 해야 할 일들을 매듭짓기 위해 시간을 배분하세요. 최대한 효율적으로 능률적으로 움직이고 남은 시간은 휴식을 취합니다. 하루 24시간을 바쁘게 사용하지 말고 반드시 휴식할 수 있는 시간을 남겨두는 것도 잊지 마세요.

✓	목표	중요도	기한

★

행복을 누리기 위해서 어떤 일들을 더 많이 하고 싶은가요?
당장 끝마쳐야 하는 긴급한 일은 아니지만
정말 중요하다고 생각하는 일을 위해서 어떻게 시간을 낼 생각입니까?
비교적 덜 중요한 일을 하는데 소요되는 시간은 어떻게 줄일 수 있을까요?
균형 있게 시간을 할애하기 위해서 어떤 변화를 시도해 볼 수 있을까요?

조금 덜 하기

자연은 서두르는 법이 없지만
그럼에도 삼라만상은 제 할 일을 해낸다.
– 노자

조금 덜 하는 것으로 더욱 큰 행복을 누릴 수 있습니다. 연구 결과, 항상 분주함에 쫓기는 사람보다 언제나 여유로운 사람들이 더욱 큰 행복을 느낀다고 합니다.

'조금 덜 하기'를 실행하기 위해서 먼저 '노'라고 말하는 법을 배워야 합니다. 많은 사람들이 상대에게 '노'라고 말하는 것을 힘들게 생각합니다. 그런 경우, 다음과 같은 3단계의 방법을 사용해 보세요. 먼저 상대방이 요구하는 내용을 듣고, 두 번째로 상대의 요청을 받아들일 수 없는 이유를 설명하고, 마지막으로 단호하게 '노!'라고 말합니다.

때로는 자신이 선택해야 할 사안을 습관처럼 다른 사람의 손에 넘기는 사람들도 있습니다. 그보다 자신이 결정해야 할 일은 스스로 책임지는 것이 좋습니다. '노'라고 말하고 나서 사과를 덧붙일 필요는 없습니다.

거절할 때 "고맙지만, 아무래도 못하겠어요."라는 식으로 부드럽게 거절하면 누구나 체면을 구기지 않고 거절을 받아들일 수 있습니다.

'조금 덜 하기'는 상대방의 요청을 거절하는 것 말고도 다른 많은 곳에도 적용할 수 있습니다. 러시아워 시간대에 자동차를 타고 가는 대신 걸어가는 것도 방법입니다. 말을 덜 하고 남의 말에 귀를 기울이는 것도 좋습니다. 무작정 계획 없이 바쁘게 하는 것보다 효율적으로 일을 처리하세요. 가능할 경우, 미팅 시간을 줄이고 여러분에게 중요한 일을 하는데 남은 시간을 할애하세요. 소비를 줄이면 그만큼 빚이 줄어들고 쓸모없는 잡동사니를 줄이면 여유 공간이 늘어납니다. 계획을 줄이고 걱정을 줄이고 '조금 덜' 하도록 하세요.

그렇게 천천히 가다 보면 주변을 둘러싸고 있는 아름다움을 만끽할 시간이 늘어납니다. 그저 '조금 덜 하기'를 통해 더욱 평화롭고 차분한 삶을 영위할 수 있습니다.

★

어떻게 하면 '조금 덜' 할 수 있을까요?
조금 덜 힘들고 수월하게 인생의 흐름을 이끌어가기 위해서
어떤 단계를 거쳐야 할까요?

더욱 명확한 관점을 가져라

인생은 단순하다.
그런데 사람들은 인생을 자꾸 복잡하게 만들려고 한다.

- 공자

변화라는 말 자체가 어렵게 느껴질 수 있습니다. 만일 인생에 변화를 가져올 경우, 그에 따른 좋은 점도 있겠지만 반대로 나쁜 점도 생각하지 않을 수 없습니다. 그저 지금 있는 자리에 머무는 것이 더 쉽기 때문에 편하게 느낄 수도 있습니다. 아무 노력을 하지 않아도 되고 그저 하던 대로만 해나가면 될 테니까요. 변화는 그만큼 두렵고 고된 일처럼 보이게 마련입니다.

하지만 지금처럼 계속 산다고 해서 불이익이 없으리라는 보장도 없습니다. 또 변화를 준다고 해서 반드시 행복으로 가는 것만은 아닙니다. 새로운 변화를 가져오는 것이 망설여진다면, 그래서 선뜻 마음이 움직이지 않는다면 그 변화로 인한 이익과 불이익을 가늠해 보는 것도 좋습니다. 인생의 모든 면에서 변화를 이루고 싶은 사람들이 찾아오면, 상담 전문가들은 현재 상태를 정확히 알기 위해 다음과 같은 질문을 던집니다.

다음과 같은 질문 과정을 거치는 이유는 현재 여러분의 행동이 얼마나 적합한 것인지를 진실하고 열린 마음으로 볼 수 있도록 하기 위해서입니다. 동시에 여러분을 제자리에 잡아두기 위한 것이기도 합니다. 누구나 알다시피, 변화란 그리 간단한 일이 아니며 변화를 위해서는 평소 유용하다고 생각했던 것들을 과감하게 버려야 하는 경우도 있습니다. 때로는 변화라는 것이 쉽지 않다는 것을 인지하고 나서 더욱 쉽게 변화하는 경우도 있습니다.

지금처럼 생활한다	
긍정적인 면	
부정적인 면	
뭔가 새로운 것을 시작한다	
긍정적인 면	
부정적인 면	

★

인생에서 더욱 많은 행복을 얻기 위해 어떤 식으로 자신을 고무시키는 편인가요?

동기부여가 될 것을 찾아라

할 수 있다는 믿음을 가지면 비록 처음에는 그런 능력이 없을지라도
결국에는 할 수 있는 능력을 갖게 된다.
– 마하트마 간디

뭔가를 새로 시작할 때, 여러분에게 동기를 부여하는 것은 무엇입니까? 우리는 실제로 다양한 경험을 통해 동기부여를 받습니다. 더 많은 것들로부터 동기부여를 받는다면 더욱 좋겠죠.

어떤 사람들은 다른 사람들과 어울리며 재미를 느낄 때, 더욱 그 일에 몰두하고 능동적으로 움직이는 경향이 있습니다. 반대로 혼자서 새로운 일을 시작하는 것을 좋아하는 사람들도 있습니다. 여러분은 다른 사람들로부터 긍정적인 반응을 얻었을 때, 동기부여가 되는 쪽인가요? 누군가에게 의지가 된다는 것을 느꼈을 때, 더욱 큰 동기부여를 얻는 편입니까? 가령 신체를 단련하고자 할 때, 팀 스포츠에 참여하는 편인가요, 아니면 혼자 걷거나 조깅을 하는 편인가요?

인생의 변화를 가져오고자 한다면, 사람에 따라서 각기 다른 접근법을 사용할 수 있습니다. 어떻게 해야 변할 수 있는지 명확한 지침을 필요로 하는 사람들이 있는가 하면, 어떤 사람들은 직접 변하기 위해 부딪히고 자기 나름대로 개척해 나가기도 합니다. 여러분은 일상에 변화를 주기 전에 많은 정보를 수집하고 나서 그대로 행동하는 쪽인가요? 새로운 기술을 습득했을 경우 성공확률이 높은 편인가요? 그렇다면 전문가나 단

체를 찾아가서 정식으로 교육을 받는 것이 변화를 가져오는 데 도움이 될 수 있습니다.

어떤 사람들은 새로운 일을 계속하면서도 일상생활의 패턴을 그대로 유지해 나갑니다. 남들이 싫어하는 운동을 꾸준히 하는 것처럼 말이죠. 평소 본인의 속도대로 움직여서 목표를 성취하고 싶은 쪽입니까? 아니면 금방 싫증을 내는 편이라 다양한 활동과 전략을 통해서 동기부여를 받는 쪽입니까? 둘 중 어떤 유형인지 정확히 알게 되면 동기부여가 될 만한 것이 무엇인지 좀 더 명확하게 찾을 수 있습니다.

★

당신에게 동기를 주는 것은 무엇입니까?
어떨 때, 목표를 반드시 이루겠다는 다짐을 합니까?
정해진 목표를 향해 끊임없이 전진하기 위해 어떤 도움을 받는 것이 좋을까요?

가끔은 날개를 접어라

애벌레가 세상의 종말이라고 부르는 것을
신은 나비라고 부른다.

– 리처드 바크

역경도 변화 과정의 일부입니다. 마치 나비가 고치를 뚫고 세상에 나오기 위해 꿈틀거리는 것처럼 목표를 이루기 위한 몸부림 같은 거니까요. 나비는 좁은 고치 속에서 날개를 접고 기다렸다가, 마침내 고치를 뚫고 나와 날개를 펴고 하늘로 날아오를 준비를 합니다. 그런데 나비의 꿈틀거리는 모습이 안쓰러워 고치에 구멍을 뚫어 나비를 고치 밖으로 꺼내주는 사람도 있습니다. 하지만 아직 날개가 마르지 않아 제대로 펴지 못하기 때문에, 나비는 하늘로 날아가지 못하고 무방비 상태로 바닥에 떨어지게 된다고 합니다.

여러분이 바라는 미래를 머릿속에 그려보는 것은 긍정적인 태도를 가지고 목표에 집중하는 데 도움이 됩니다. 하지만 그것만으로는 충분하지 않습니다. 눈앞에 닥친 역경에 맞서고 변화라는 목표를 향해 열심히 나아갈 때, 더욱 행복하고 밝은 미래를 얻을 수 있습니다.

진정한 웰빙과 행복함의 단계에 이르렀다고 해서, 아무런 문제없이 평생을 살아갈 수 있는 것은 아닙니다. 역경을 이겨내기 위한 방법을 찾고 자신감을 가지는 것, 그리고 변화를 이루기 위해 필요한 것이 무엇인지 알아내는 것이 무엇보다 중요합니다. 이러한 역경을 통해서 앞으로 더 힘든 상황에 처했을 때 대처하는 법을 배워나갈 수 있습니다. 다시 말해 지금의 역경은 여러분을 더욱 강하게 만들고, 미래에 닥칠 어려움에 대처할 수 있는 힘을 키워주는 것이라 생각하시면 됩니다. 시련은 또 다른 기회를 가져오게 마련입니다. 그러니 힘든 상황 속에서 배우려고 노력하세요.

★

과거의 시련을 통해서 인생에서 가장 중요한 것이 무엇인지 배웠나요?
이런 과거의 경험들이 어떻게 미래를 더욱 긍정적으로 보게 했나요?
힘든 시간을 이겨낼 수 있었던 본인만의 강점이 있다면, 그건 무엇인가요?
미래에 그러한 자질과 기술이 어떤 식으로 작용하게 될까요?
지금까지 살아오면서 어떤 시련이 당신에게 도움이 되었습니까?

행복을 위한 약속

WHAT
MAKES
YOU HAPPY
PART 2

PROMISE FOR
HAPPINESS

자신의 가장 좋은 친구가 되라

무엇보다도 자기 자신에게 충실하라

- 윌리엄 셰익스피어

얼마나 많은 사람들이 평소 가장 좋은 친구를 대하듯 친절하고 다정하게 스스로를 대할까요? 자신을 어떻게 생각하고 어떤 말을 거네느냐는 여러분과 여러분 자신과의 관계, 즉 자존감의 가장 중요한 부분입니다.

종일 업무에 시간을 보냈다면 잠시 시간을 내서 여러분 자신을 돌보는 데 할애하세요. 스트레스를 풀기 위해 혼자만의 조용한 시간을 갖거나 휴식을 취하는 것도 좋습니다. 휴식을 취할 공간이 집안에 따로 마련되어 있지 않다면, 공원에서 잠시 앉아 시간을 보내거나, 대중교통을 이용하는 동안 '사색의 시간'을 가지는 것도 좋습니다. 낚시를 하거나 운동을 하거나 산책을 즐기는 것도 휴식이 될 수 있겠죠. 카페에 앉아서 커피를 마시는 것도 좋은 방법입니다.

현재 여러분의 인생이 순탄하게 흘러가고 있음에 감사하는 시간을 가지고 더 밝은 미래가 올 거라는 희망을 가지도록 노력하세요. 이렇게 나 자신을 돌아보는 시간을 통해 스스로를 더욱 파악할 수 있도록 하는 것은 큰 도움이 됩니다. 본인의 가치에 대해 생각해 보고 여러분의 인생에 진정한 의미를 부여하는 것들을 돌이켜 보세요. 물론 평소 고마웠던 점들에 대해 생각해 보는 것도 빠트리면 안 되겠죠. 본인이 가진 강점에 대해 감사한 마음을 가지고 그 강점들을 더욱 극대화할 수 있는 여러 방안들을 생각해 보는 것도 좋습니다.

이 시간을 통해 어떤 부분에 에너지를 쏟아야 할지와 괜히 걱정할 필요가 없는 문제들을 정리해서 삶의 우선순위를 정하는 것도 좋습니다. 이 책에 제시되었던 질문들을 돌이켜 보고 지금보다 더욱 행복한 인생을 살 수 있는 계획을 세우는 시간으로 활용할 수도 있을 것입니다.

스스로를 소중히 여기는 마음이 이기적인 것은 아닙니다. 빈 잔에 물을 채워야 남들과 나눠 마실 수 있으니까요. 다른 사람을 사랑하기 전에 자기 자신부터 사랑할 줄 알아야 한다는 말을 한번쯤은 들어보셨을 겁니다. 정말 그렇습니다. 그래서 비행기를 타고 가다가 응급상황이 발생했을 경우, 내가 먼저 산소마스크를 쓰고 남들을 도우라고 말하는 것입니다. 나 자신도 제대로 숨을 쉬지 못하는데 남들에게 무슨 도움을 줄 수 있을까요! 우리 자신이 온전할 때만이 다른 사람과 정상적으로 관계를 맺을 수 있습니다. 그리고 다른 사람을 도울 수 있을 때, 나 자신이 괜찮은 사람이라고 느낄 수 있습니다.

★

본인만의 좌우명이나 대표할 수 있는 노래가 있습니까?
여러분의 전성기는 언제였습니까?
언제 스스로 자랑스럽다고 느끼나요?
친구들이 말하는 당신의 장점은 무엇입니까?
언제 스스로가 강하다고 느낍니까?

최근에 스스로에게 자신감을 느끼고 강하고 안전하고 편하다고 느꼈던 적이 있습니까? 당시 상황이 어땠고 여러분의 몸에 어떤 변화가 느껴졌는지 자세히 떠올려 보세요. 그림을 통해 자신을 표현해 보세요. 마음이 편하고 안정되었을 때, 어떤 기분이 드는지도 그림으로 표현해 보세요. 콜라주 기법을 통해 여러분을 표현할 수 있는 감촉과 색감, 그리고 형태를 더해보는 것도 좋습니다.

만약 음악적인 재능이 있다면 편안하고 안정된 기분을 표현할 수 있는 음악을 만들어 보는 것도 좋습니다. 그때의 기분을 그림으로 표현할 때, 그 노래를 흥얼거려 보는 것도 도움이 될 겁니다.

특별한 오늘을 만들라

태도는 큰 변화를 만드는 작은 시작이다.

- 윈스턴 처칠

하루하루를 특별하게 만들 수 있는 방법을 찾아보세요. 아이들을 보면 즐거움과 유머가 삶을 즐겁게 만든다는 것을 느낄 수 있습니다. 우리는 모두 가능한 자주 '밖에 나가서 즐기는 시간'을 가지도록 노력해야 합니다. 철부지 아이처럼 큰 소리로 노래하고 남을 웃기기 위해 우스꽝스러운 표정을 지어보기도 하고 그냥 여기저기 돌아다녀 보세요.

유머는 다른 사람들과 소통하고 사물을 다른 시각에서 바라볼 수 있도록 해주는 최고의 방법입니다. 웃음은 엔도르핀을 샘솟게 하며 전염성이 강해서 다른 사람에게 긍정적인 에너지를 줍니다. 여러분에게 웃음을 주는 사람들과 그런 환경 속에서 시간을 보내세요. 영화를 보고 책을 읽고 코미디 쇼를 보는 것도 좋습니다. 여러분을 미소 짓게 만드는 거라면 뭐든 상관없습니다.

지금 여러분이 처한 상황이 어떠하든 즐거움을 만끽하기 위한 계획을 세워보세요. 멍하니 즐거운 일이 생기기만 기다리는 것은 좋지 않습니다. 여러분을 웃게 만드는 일을 찾아보세요. 회계업무를 보러 가서, 혹은 꽉 막히는 도로 가운데서 즐거움을 찾을 수 있다면 언제 어디서든 즐거움을 찾을 수 있게 됩니다.

모든 인간은 스스로의 삶을 바라보는 방식과 주변 사람들을 대하는 방법 그리고 미래에 대해 자기 나름대로 선택을 해야 하는 기로에 놓이게 마련입니다. 삶과 미래를 긍정적으로 접근할 수 있다면 인생에 있어 더할 나위 없는 행복을 누릴 수 있고 행복해지기 위한 계획을 세울 수 있습니다. 더불어 웰빙과 행복을 누구보다 자주 만끽할 수 있을 테고요.

하루의 일과가 끝나고 나서 스스로에게 이렇게 말한다고 상상해 보세요.

"언제나처럼 평범한 날이었지만 오늘은 정말 즐거운 하루였어."

★

인생을 너무 심각하게 받아들이지 않는 것이 어떤 때에 여러분에게 도움이 될까요?

기분이 우울할 때, 어떤 것이 기분 전환에 도움이 됩니까?

인생의 즐거운 면을 보기 위해 어떤 것이 도움이 될까요?

일상생활에 즐거움과 기쁨을 더하기 위해 어떻게 노력하는 편인가요?

당신을 웃게 만드는 것은 무엇입니까?

하루에 하나씩 감사할 일을 찾아라

우리 삶에 변화를 가져다준 사람들에게
감사한 마음을 가질 수 있는 여유를 가져라.

- 댄 잔드라

　여러분의 인생에서 마음에 들지 않아서 바꾸고 싶은 것들보다는 만족스러운 부분에 집중하세요. 마음의 여유를 가지고 잘 진행되는 일과 나 그리고 나의 삶에서 만족스러운 것들에 진심으로 감사해 한다면 그런 부분들을 더욱 강화하는 데 도움이 됩니다.

　내가 가진 것과 내가 가지지 못한 것들(그게 돈이 될 수도 직업, 친구, 혹은 건강이 될 수도 있겠죠) 사이에 커다란 격차가 있다고 느끼는 사람들은 그렇지 않은 사람보다 불행함을 더 많이 느낍니다. 본인이 가진 자질과 인간관계, 그리고 소소한 즐거움 등 여러 가지 것들에 만족하고 감사하는 마음을 가지면 더욱 큰 행복을 누릴 수 있습니다.

　저 같은 경우, 매일 저녁 식탁에 앉아서 하루 동안 있었던 감사한 일들을 나누는 시간을 가집니다. 아이들은 감사한 일을 쉽게 떠올리지만 어른들의 경우는 때로 곤란을 겪곤 하죠. 어느 날인가, 남편이 그날 있었던 불미스러운 일들 네 가지를 속사포처럼 쏟아낸 적이 있었습니다. 그러자 당시 여섯 살이던 막내가 곧바로 이렇게 말했죠. "아빠, 나쁜 일 네 가지를 말했으니까 이제 다섯 가지 감사한 일을 얘기해야 돼요. 그래야 우리랑 한 가지 감사한 일을 나눌 수 있잖아요. 남편은 겨우 한 가지 감사한 일을 떠올리고는 말문이 막혀버렸습니다. 결국 우리 가족들이 모두 힘을 합쳐서 나머지 네 가지 감사한 일을 찾아주어야만 했습니다.

매일 하루 일과가 끝나고, 그날 있었던 감사한 일 한 가지를 떠올리는 것은 최고로 멋진 일이 될 겁니다. 현재 순조롭게 진행되고 있는 여러분의 일상에 감사하세요. 사람들이 말하듯 "행복이란 우리가 원하는 것을 손에 넣는 것보다 이미 가지고 있는 것들에 감사하는 것이다."이니까요.

★

어떤 부분에서 가장 감사함을 느끼나요?
하루 일과 중에서 가장 즐거운 것은 무엇인가요?
당신의 인생에 행복을 가져다주는 일 또는 사람이 있나요?
현재 순조롭게 진행 중인 일이 있습니까? 그 일로 어떤 변화가 있었나요?
당신이 감사하는 것들을 얻기 위해 어떤 노력을 했습니까?
그걸 통해 느낀 점이 있나요?

• *Inspiring Idea* •

친구들이 '행복한 생각을 나누는 항아리'를 만들기로 했다는 소식을 듣고 정말 기발하구나 싶었어요. 스스로 감사할 일이 있거나 함께 하면 즐거울 것 같은 일을 적어서 항아리에 넣어 두는 것인데요. 글씨를 익히지 못한 아이들은 그림으로 자신의 생각을 대신합니다. 가족 중에 우울한 일이 있거나 기분이 좋지 않은 사람이 생기면, 바로 '행복한 생각을 나누는 항아리'에서 메모를 꺼내는 거예요. 여러분도 함께 따라해 보세요.

한 단계씩 자신감을 키워라

낙관주의는 우리를 성공으로 이끄는 믿음이다.
희망과 자신감 없이는 아무것도 이룰 수 없다.

– 헬렌 켈러

자신에 대한 믿음 부족 때문에 스스로를 옭아매는 일이 자주 일어납니다. 자신을 믿지 못한다면 다른 사람에게 자신 있게 도움을 주지 못할 뿐아니라 주변 사람들과의 관계에서 문제가 생겼을 때도 자신감을 잃게 됩니다.

자신감을 가진다는 것은 긍정적인 결과가 나올 거라는 희망적인 태도와 성공을 시각화하는 것을 의미합니다. 자신감은 행복이라는 목표를 성취할 수 있는 열쇠입니다. 많은 사람들의 경우, 자신감을 느낀다는 것은 또한 행복한 면을 보는 것과 같습니다.

자신감은 인간관계에 적극적으로 나설 수 있게 해주고 위험을 감수하고 새로운 일을 시도하는 데 도움이 됩니다. 그리고 진정한 자신감을 가졌을 때, 우리는 생각보다 더 많은 것을 성취할 수 있습니다.

행복이라는 목표를 성취하는데 자신감이 중요한 요소를 차지하는 만큼, 여러분의 자신감 정도를 살펴보겠습니다. 이를 위해 '스케일링'을 이용해 보도록 하겠습니다. '스케일링'이란 추상적이고 막연한 생각을 명확히 만드는 일종의 도구라고 생각하시면 됩니다. 이를 통해 머릿속의 생각들을 살아 숨 쉬게 만들어 진정한 변화를 가져오기 위해 활용할 수 있습니다. 본인의 자신감 정도를 정확히 가늠함으로써 작은 변화가 그 자신감을 얼마나 확장시킬 수 있는지를 경험하게 될 것입니다.

하얀 종이 위에 선 하나를 그리세요. 그리고 선 밑에 1부터 10까지 숫자를 적습니다. 본인이 느끼는 자신감이 어느 정도인지 생각해 보고, 그 숫자 위에 표시를 합니다. 바로 그 숫자가 여러분이 원하는 행복함의 정도입니다. 숫자 1은 전혀 자신감이 없다는 뜻이고 10은 본인에 대한 믿음이 최고조라는 뜻입니다. 뭔가 새로운 변화를 시도하려고 할 때, 이런 식으로 자신감의 정도를 점검해 보면 성공이 여러분의 자신감에 얼마나 영향을 끼치는지 확인할 수 있습니다.

★

본인의 자신감 정도를 통해 무엇을 느꼈습니까?
지금의 자신감을 유지하기 위해서 어떠한 노력을 했습니까?
지금보다 숫자 하나 정도 자신감을 높인다면 어떤 변화가 생길까요?
지금보다 자신감 정도가 높아진다면, 본인 스스로 느낄 수 있을까요?
그럼 어떤 식으로 다르게 행동할 것 같습니까?

스스로에게 관대하라

현명해져라. 자신의 몸과 마음에 공감하고 사랑과 친절로 대하라.
스스로에게 친절한 사람은 다른 사람에게도 친절을 베풀 수 있다.

– 라마 툽덴 예세

　머릿속으로 자신에게 어떤 말을 하는지에 따라 여러분의 행복지수도 달라집니다. 삶 속에서 '난 제대로 하는 게 하나도 없어.' 혹은 '내가 너무 뚱뚱해서 사람들이 좋아하지 않나 봐.'같은 부정적인 자기 진술을 되풀이하다 보면 부정적인 생각이 머릿속에 가득 찰 수 있습니다. 그러면 뭔가를 경험해야 하는 순간이 될 때마다 머릿속에서 부정적인 생각들이 떠올라 본인의 능력을 의심하고 자신을 믿지 못하게 됩니다. 이러한 부정적인 진술은 다른 사람이 무심히 내뱉었던 말이나 각종 매체를 통해 보고 들은 잘못된 정보가 기억 속에 남아 있는 것입니다. 아니면 지금까지 여러 경험을 통해서 알게 된 것을 진실이라고 믿게 된 것일 수도 있겠죠.

　이렇게 낮은 자존감을 가진 사람들은 스스로에게 부정적인 이야기를 자주 하게 마련인데요. 자존감이란 본인이 어떤 사람이고(자아개념) 또 어떤 모습이어야 한다는 믿음(이상적 자기)의 그림에 바탕을 두고 있습니다. 자존감이 낮은 사람은 본인이 가져야 하는 특징을 지극히 제한적으로 두는 반면, 자존감이 높은 사람은 다양한 특징을 가지는 것이 이상적이라고 믿습니다. 때문에 여러분이 지금보다 더 멋진 사람이 되고자 하는 목표를 가지고 있다면, 여러분이 생각하는 자아개념과 이상적 자기의 그림이 완벽히 일치하지 않는다고 해도 아무 문제가 되지 않습니다.

자존감을 높이는 여러 가지 방법 중 하나는 스스로에게 친절해지는 것입니다. 본인이 가지고 있는 잠재력에 확신을 가지고 본인의 강점을 마음껏 펼치는 것도 그중 하나입니다. 부정적인 가치관을 가진 사람들을 멀리하고 여러분 내면의 비평가와 비관주의자들의 말을 그냥 넘기도록 하세요. 가끔은 내면의 비평가의 말이 가장 잔인할 수 있으니까요. 자신과 다른 사람을 비교하려고 들지 말고 모든 사람이 나와 똑같이 행동하지 않을 수도 있다는 점을 인정하세요.

여러분 머릿속에서 들리는 자동적인 사고에 귀를 기울이세요. 만약 조금이라도 부정적인 말이 들린다면, '지금까지는 그랬지'라는 전제를 덧붙여 보는 것도 좋습니다. '난 제대로 하는 게 하나도 없어. 그래, 지금까지는 그랬지.'라고 말입니다.

여러분의 자기 진술을 위해 정확한 근거를 찾아보세요. 스스로에게 자문해 보는 거죠. '정말로 그래?' 만약 그렇다면, '내가 항상 그래왔던 거야?' 정말로 좋은 친구라면 이 질문에 뭐라고 대답할까요? 여러분 내면의 비평가가 목소리를 높이려고 하면 부정적인 단어 대신 긍정적인 단어를 사용하려고 노력하세요.

더불어 여러분을 긍정적으로 평가하는 사람들과 어울리는 것도 중요합니다. 부정적인 자기 대화로 가득 차 있던 마음을 비우고, 스스로의 좋은 점에 대해 충분히 느낄 수 있도록 하세요.

★

나 자신을 평가하는 데 있어 어떤 생각과 경험들이 영향을 줍니까?

그것들이 도움이 되나요, 혹은 전혀 도움이 되지 않습니까? 혹은 양쪽 다인가요?

언제 본인이 특별하다고 느끼나요?

어떤 식으로 스스로에게 용기를 불어넣습니까?

당신의 삶을 풍요롭게 만드는 것은 무엇인가요?

만약 다음 주에 본인을 위해서 긍정적인 행동을 한다면 어떤 것을 하고 싶은가요?

혼자만의 시간을 가져라

어디로 가든지 마음을 다해서 가라.

- 공자

    사람마다 다르겠지만 대부분은 혼자만의 시간을 가지길 원합니다. 만약 혼자서 보내는 시간을 싫어하는 쪽이라면, '혼자만의 시간'을 불편하게 생각하는 이유에 대해서 고민해 봐야 합니다. 다른 사람들과 보내야하는 바쁜 일상에서 잠시 나만의 시간을 갖는 것에는 실제로도 엄청난 가치가 숨겨져 있습니다. 혼자만의 시간을 보내는 것은 자아 성찰의 과정 중 일부일 수도 있습니다. 혼자만의 시간은 개인적인 프로젝트나 자신이 좋아하는 여가생활을 영위하는데 꼭 필요한 요소이기도 합니다.

    저녁 시간, 편히 소파에 앉아서 내면의 소리에 귀를 기울이거나 인생에서 가장 중요한 것이 무엇인지 떠올려 볼 수도 있습니다. 이런 자아 성찰의 시간은 자신의 교양과 삶의 질을 높이는 학습도 가능하게 합니다. 또한 스스로의 잠재력을 평가하고 다가올 미래의 가능성을 재단해 볼 수도 있겠죠. 물론 여러분이 어떤 면에 집중하는지에 따라 달라질 수 있습니다. 긍정적인 자질과 성취를 가늠하고 이를 더욱 풍요롭게 만들 수 있는 기술을 가늠해 볼 수도 있을 겁니다.

    자기 성찰의 기술을 발전시키기 위한 방법 중에는 일기를 쓰는 것도 있습니다. 1000년에서 1008년 경 쓰인 셰이 쇼나곤의 〈필로우 북〉은 자신의 생각과 당시 일본의 궁에서 벌어지는 일화들과 인물들을 그리고 종교적 의식들을 세밀하게 묘사한 작품입니다. 여러분도 자신만의 〈필로우 북〉을 만들어 보면 어떨까요? 펜이 가는대로 적어보는 거죠. 기분 좋은 칭찬의 말, 마음이 따뜻해지는 이야기, 가슴을 뛰게 만드는 이야기도 좋을 테고, 영감을 주는 이야기, 경이로운 이야기들, 좀처럼 납득하기 힘든 것 혹은 다소 불편한 기분을 느끼게 만드는 이야기, 그리고 단순한 평온을 느낄 수 있게 하는 이야기도 무방합니다.

세상을 바라보는 관점은 다양합니다. 잠시 다른 쪽에서 바라보면 주변의 것들을 새로운 관점에서 관찰할 수 있을 겁니다.

하루하루의 일상을 담아내는 일기를 쓰는 것도 좋습니다. 하루 동안 벌어졌던 행복한 일과 긍정적인 생각을 기록해 두거나, 특별히 고마움을 느꼈던 일이 있다면 그 역시도 일기장에 적어둘 수 있겠죠. 여러분의 희망과 꿈을 정확히 찾는 방법으로 일기장을 활용할 수도 있습니다. 친구 중 한 명은 자기 아이들이 스스로에게 어떠한 의미를 부여하는지, 자신의 인생에 얼마나 많은 기쁨을 주었는지 일기에 하나도 빠짐없이 기록하기도 했습니다.

일기장을 '근심·걱정을 담아두는 상자'로 사용할 수도 있습니다. 여러분의 근심거리를 일기장에 적어 한쪽으로 치워두는 거죠. 시를 적거나 짧은 글을 쓰는 공간으로 활용하고 싶은 분도 있을 겁니다. 아니면 자기감정을 솔직히 털어놓거나 어려움이 닥쳤을 때, 문제를 해결하는 공간으로 삼을 수도 있겠죠.

일기장은 자신의 개성을 살린 자신의 기록이어야 합니다. 스크랩북을 만들거나 비디오 일기를 쓰거나, 블로그에 글을 올리거나 사진을 덧붙인 일기를 만들 수도 있을 겁니다. 어떤 방식이 됐건 여러분 자신의 개성을 마음껏 표현해 보세요.

★

'혼자만의 시간'을 어느 정도 보내는 편입니까? 그럴 때 보통 무엇을 하나요?
더욱 큰 행복을 누리기 위해서 '혼자만의 시간'을 어떻게 할애할 수 있을까요?
'혼자만의 시간'을 통해 나 자신과 나의 가치 그리고 진정 소중한 것이
무엇인지 배웠습니까?
당신의 경험을 돌이켜보고 인생에 긍정적인 변화를 위한
가장 좋은 방법은 무엇일까요?

내가 가진 강점에 감사하라

우리는 행복이 가지지 못한 것을 얻는 것의 결과물이 아님을 쉽게 잊고 산다.
행복이란 우리가 가진 것을 인식하고 감사할 때 비로소 느낄 수 있다.

– 프리드리히 쾨니히

어떤 일이 잘못되었을 때, 바로 잡을 수 있는 것은 바로 여러분이 가진 강력한 힘입니다. 개개인이 가진 강점은 연습을 통해 연마될 수 있습니다. 항상 우리가 가진 약점을 극복하기 위해서 노력하고 그와 동시에 강점을 잘 활용하고 긍정적인 자질과 태도까지 더불어 강화하기 위해 애써야 합니다. 이 두 가지 모두 가능하다면 좋겠지만, 안 될 경우 강점을 제대로 활용하는 쪽이 더 쉽고 즐거울 겁니다. 그렇게 즐거운 기분으로 노력하면서 여러분이 가진 자질에 대해 생각하는 시간을 가지도록 합시다.

다음에 제시되는 여러 가지 강점들을 천천히 읽어보세요. 단어 하나하나가 여러분에게 어떤 의미를 주는지 곰곰이 생각해 보고, 그중 내가 가진 강점이라고 생각되는 다섯 가지를 골라보세요. 아니면 내가 가진 긍정적인 자질 다섯 가지가 남을 때까지 하나씩 지워가다 보면 해결될 겁니다. 지나치게 고민하거나 힘들어 할 필요가 없다는 점을 반드시 기억해 두세요.

여러분이 가진 강점을 파악하는 것은 그에 대해 감사하고 그 강점을 제대로 활용하기 위해 매우 중요한 과정입니다. 내가 가진 재능과 강점을 개발해 나간다면 살면서 더 많이 행복해질 수 있습니다. 이 다섯 가지를 인생이 주는 큰 선물이라고 생각하세요.

솔직함	공평함	개방적
모험심	관대함	낙천적
감사함	너그러움	열정적
적극성	우아함	인내심
정확성	진정성	태평함
침착함	정직함	참을성
세심함	희망참	장난기
헌신적	유머감각	결단력
자신감	독립적	사색적
만족감	통찰력	회복력
협동심	고무적임	자제력
대담함	친밀감	내조력
창의성	유쾌함	관용심
호기심	친절함	신뢰도
공감력	사랑스러움	예지력
활기참	충직함	현명함
열정적	성숙함	

★

당신이 가진 최고의 자질과 기술, 그리고 능력은 어떤 것인가요?
다른 사람이 평가하는 당신의 강점은 무엇인가요?
앞으로 어떻게 발전시킬 계획입니까?
당신이 가진 강점들이 일상생활에서 어떤 도움이 됩니까?
주변 친구나 가족, 동료들의 어떤 자질에 고마움을 느끼나요?
친구나 가족, 동료가 가지고 있는 좋은 점을 발견했을 때 어떤 식으로
고마움을 표현합니까?

명확하고 당당하게 소통하라

행복은 우리 자신에게 달려 있다.

– 아리스토텔레스

　여러분은 화나는 일이 생겼을 때, 평정심을 잘 유지하는 편입니까? 화가 나거나 공격을 받았을 때, 고요하기란 쉬운 일이 아니지만 행복을 위해서는 평정심을 유지하는 것이 중요합니다. 화가 나는 상황이 오면 잠시 멈춰서 조용히 생각하는 시간을 가지세요.

　타인의 말에 반응하기보다 어떻게 대답할지에 집중해야 합니다. 대답을 하기 전에 충분히 시간을 가져야 합니다. 흥분한 상태에서는 뒤에 후회할 말을 내뱉기 쉽습니다. 만약 당신이 화가 났다면 사람들은 당신이 화가 났다는 사실에 집중할 뿐 당신이 중요하다고 생각하는 말에 집중하지 못합니다. 상황을 다른 각도에서 여러 가지 가능성을 열어놓고 생각해 보세요. 깊게 호흡을 내쉬며 방금 전에 벌어진 상황을 조용히 되짚어 보는 것도 도움이 됩니다. 그러면 긍정적인 답을 끌어내는 데 도움을 받을 수 있습니다.

　상대로부터 어떤 반응을 얻어내고 싶은지 확실히 하고, 문제를 마주할 준비가 되면 차분하고 명확하게 말을 시작하세요. 목소리의 톤과 몸짓이 적절한지 점검하세요. '자기 감정을 표현하는 법'을 연습하다 보면 자연스럽게 몸에 배게 됩니다.

'자기 감정을 표현하는 법'이란 타인의 관점을 존중하면서, 내가 필요로 하고 원하는 것, 나의 감정과 신념, 그리고 의견을 명확하고 직접적인 방식으로 소통하는 것을 의미합니다. 이는 소극적인 태도 혹은 공격적인 태도와 완전히 구별되는 것으로 이해하는 것이 가장 정확합니다.

소극적인 대응은 대립을 피하기 위한 것으로 공격을 받았을 때, 화가 났을 때, 혹은 원하는 것이 받아들여지지 않았을 때 가능한 목소리를 높이지 않으려고 노력하는 것입니다. 소극적인 태도의 문제는 다른 사람들이 나의 의견을 제대로 이해하지 못하기 때문에 결국 내가 원하는 바를 가치 없는 것으로 치부해 버릴 수 있다는 것입니다. 만약 '난 어떻게 되던 상관없어'라고 말하거나 자신감 없는 몸짓을 보인다면, 상대방은 정말로 여러분이 상관하지 않는 거라고 혹은 그저 소극적으로 대처할 것이라고 받아들이게 됩니다.

그와는 반대로 절대로 타협하지 않고 자신이 원하는 바를 끝까지 밀고 나가는 극단적인 경우도 있습니다. 그런 사람들은 상대를 조롱하고 윽박지르며, 심하면 위협하거나 소리를 지르기도 합니다. 주먹을 쥐고 흔들거나 테이블을 내리치는 등 공격적인 동작을 보이기도 하죠.

그 중간 지점이 바로 당당한 태도를 보이는 것, 즉 직설적이고 명확한 의사소통을 하는 것입니다. 명확하고 자신감 있게 말하고 상대의 의견을 존중하죠. '내가 말하고 싶은 것은 ○○이다'라는 표현을 사용하고, 당당한 몸짓 언어를 하고 상대의 관점에 귀 기울이는 적극적인 태도를 보입니다.

이런 당당함은 스스로 화를 다스릴 수 있고, 원하는 바를 상대에게 정확히 전달하고, 대립의 각도를 줄여 원만한 관계를 유지하는 데 도움이 됩니다.

★

다른 사람과 대립해야 하는 상황에 처했을 때 어떻게 해결할 수 있을까요?
더 명확하고 당당하게 소통하기 위해서 무엇이 필요할까요?

'자기 감정을 표현하는 법'이란
타인의 관점을 존중하면서, 내가 필요로 하고
원하는 것, 나의 감정과 신념 그리고 의견을
명확하고 직접적인 방식으로 소통하는 것을
의미합니다.

스트레스를 줄여라

우리 마음속에는 하나의 고요한 장소, 하나의 피난처가 있다.
누구든 언제나 그 속에 들어가서 자신과 이야기를 나눌 수 있다.

- 헤르만 헤세

믿기 어렵지만 스트레스는 여러분에게 도움이 됩니다. 스트레스를 받으면 새로운 것을 시도하게 되고 편안한 영역 밖으로 걸음을 뗄 수 있도록 만들어 줍니다. 결혼식을 올린다거나 파티를 준비하는 등 큰 행사나 이벤트를 앞두고 있으면 스트레스를 받지만, 그렇다고 해서 행사를 치르지 못할 정도는 아닙니다. 스트레스를 어떻게 인식하느냐는 그 상황이 얼마나 곤혹스러웠는지 그리고 그 상황을 해결할 만한 충분한 자원이 있었는지에 따라서 달라집니다.

스트레스의 원인이 무엇이든 결국 신체적·정신적으로 영향을 받게 됩니다. 따라서 스트레스를 줄여 악영향에 맞서는 제일 좋은 방법은 마음을 편히 먹는 것입니다. 휴식을 취하고 잠을 청하면 상황이 복잡해졌을 때 마음을 가라앉히는 데 도움이 됩니다. 긴장 상태로 있기보다는 깊은 수면을 취하고 깨어나면 새롭게 세상과 맞설 준비가 됩니다.

저 같은 경우 가장 좋아하는 장소에 정신을 집중하는 것이 휴식을 취하는데 굉장히 도움이 됩니다. 편안한 바닥에 등을 대고 누워서 눈을 감고 깊은 숨을 몇 번 내쉽니다. 머릿속으로는 굉장히 아름다운 곳에 있다고 상상하는 거죠. 안전하고 안락하고 평온한 공간 말입니다. 그 상태로 주변을 둘러보세요. 지금 날씨가 어떤가요? 주변의 어떤 것들이 느껴집니까? 무엇이 보이나요? 어떤 소리가 들립니까? 잠시 주변에 보이는 이미지에 집중하세요. 가령 해변에서 휴식을 취하고 있다고 상상했다면 따뜻한 햇살이 비추는 모습, 잔잔히 부서지는 파도, 발바닥에 닿는 부드러운 모래알과 짭짜름한 바닷물의 향을 상상하면 됩니다. 해변에서 쉬고 있는 당신의 몸에 어떤 기분이 전해지나요?

편안한 기분을 고양시키고 스트레스를 낮추기 위해서 카모마일 티나 다른 종류의 허브 티를 마시는 것도 좋은 방법입니다. 로즈마리와 시나몬 오일을 떨어트린 대야에 발을 담그고 고급스러운 분위기에서 족욕을 즐겨보세요. 온몸의 근육을 풀어주는 마사지를 받거나 요가 수업을 듣는 것도 좋습니다. 그중 하나라도 효과적인 것이 있다면 계속 그 방법을 사용하세요. 만약 어떤 방법도 마음을 가라앉히는데 도움이 되지 않는다면, 주변 사람들에게 스트레스를 줄이는 방법에 대해 물어보고 그중 여러분이 원하는 것을 시도해 보세요. 그리고 자기에게 맞는 스트레스 해소법을 찾을 때까지 시도해 보면 됩니다.

★

몸과 마음에 원기를 불어넣어 주고 편하고 평화로운 공간을 그려보세요.
주변의 모습은 어떤가요?
휴식을 취할 때 주로 어떻게 합니까?
어떤 경우에 에너지가 샘솟나요?
주변이 혼란스러워졌을 때, 내면의 평화를 얻는 방법이 있나요?
지금 여러분의 인생에서 스트레스가 덜해진다면 어떤 부분이 달라질까요?

지금 이 순간을 살아라

미소를 짓고 숨을 내쉬며 천천히 가라.

- 틱낫한

혹시 주변 환경에 따라서 완전히 다른 모습을 보인다는 느낌을 주는 사람을 만나본 적이 있습니까? 보통은 그런 상태를 현재를 사는 것, 혹은 '그 순간을 사는 것'이라고 말합니다. 현재를 산다는 것, 즉 지금 이 순간을 사는 것은 여러분의 행복과 만족감에 굉장한 영향을 가져오게 마련입니다. 이러한 마음 챙김(현재 순간을 있는 그대로 받아들이는 것-역자 주)은 지금 이 순간에 존재하며 우리 주변을 둘러싸고 있는 환경을 완벽히 인지하고 나의 의사결정과 행동이 어떤 결과를 가져오게 될지 확실히 알고 있는 상태를 뜻합니다. 이러한 마음 챙김의 과정에는 약 3분 정도가 필요합니다. 술타너 건포도를 사용하면 좋고 그게 아니면 여러분이 좋아하는 다른 과일 중 어떤 것도 무방합니다. 먼저 건포도를 손에 쥡니다. 손끝으로 건포도의 감촉을 느끼고 색은 어떤지 살펴봅니다. 건포도의 향을 음미합니다. 건포도의 향에 너무 심취하지 말고 그저 지금 여러분 손에 쥐어진 건포도를 완벽히 인지하기 위해 노력합니다. 그리고 건포도를 입에 넣고 입술을 움직이며 혀끝에 닿는 촉감을 느껴봅니다. 눈을 감고 건포도를 깨물어 그 맛을 음미하고 입속에 느껴지는 건포도에 최대한 집중해 보세요. 그 경험을 통해 무엇을 느꼈습니까? 그 상태로 가만히 있는 것이 힘들지는 않았나요?

그렇다면 이제는 명상하는 법을 배워보도록 하겠습니다. 두 눈을 감고 들이쉬고 마시는 호흡에 집중하세요. 들이쉬는 숨이 코끝을 타고 폐로 들어갔다가 다시 몸 밖으로 천천히 퍼져나가는 느낌을 온몸으로 느껴봅니다. 이런 식으로 깊은 호흡에 집중하면서 5분에서 10분 정도 숨을 들이쉬고 내쉽니다. 마음속이 복잡해질 때마다 온 정신을 호흡에 집중해 보세요. 머릿속에 떠오르는 생각을 감지합니다. 하지만 그 생각들을 머릿속에 담아 두지는 마세요. 들이쉬었던 숨을 다시 내쉬고 마시고 내쉬는 호흡에 집중합니다.

명상 단체나 명상 수업에 참가하면 더욱 쉽게 명상을 연습해 볼 수 있습니다. 아니면 CD나 팟캐스트를 통해서 집에서도 쉽게 명상법을 연습해 볼 수도 있겠죠.

얼마 동안 명상을 하고 나면, 마음이 평온해지고 복잡한 머릿속(전문가들은 이런 상태를 '원숭이 마음' 즉 머릿속이 혼란스러운 상태라고 말합니다)이 순간적으로 고요해집니다.

집안 청소 같은 지루한 일상 속에서 의식적으로 현재 상태에 집중하려고 노력하세요. 매순간 최대한 집중하는 것을 연습합니다. 지금 이 순간의 정신적인 고요와 평온, 그리고 만족감을 온몸으로 느껴봅니다.

★

지금 현재에 집중할 수 있도록 해주는 것은 무엇입니까?
일상 속에서 명상을 연습하기 위해 어떤 것이 도움이 될까요?
지금 이 순간에 더욱 집중한다면 여러분의 삶에 어떤 변화가 일어날까요?

공감하는 법을 배워라

다른 사람들이 행복하기를 바란다면 공감하는 법을 배워라.
당신이 행복해지고 싶다면 역시 공감하는 법을 배워라.
– 달라이 라마

대부분 사랑받는다고 느끼고 싶고 어딘가에 속해 있다는 소속감을 필요로 합니다. 그렇지만 사랑받는다는 것을 의심하고 어디에도 속해 있지 않다는 기분을 느끼는 사람이 의외로 많습니다. 삶이 너무 바쁘다보니 다른 사람들(우리 스스로도) 우선순위에서 사라질 때가 있습니다. 죽어라 일하고 남보다 앞서 가는데 집중하다 보면 삶의 진정한 의미가 퇴색하기도 합니다. 그러나 사랑은 우리를 우리답게 만들어 주는 유일한 길이기도 합니다.

달라이 라마는 이렇게 말했습니다. "우리가 물질적인 부유함에 지나치게 좌우되기 시작하면서 친절함과 공감, 협동심과 사랑을 키워나가는 법을 점점 잊고 살아가게 된다. 우리 자신과 타인의 행복을 위해서 서로 간의 웰빙을 위해 관심을 기울여야 한다."

어떤 사람들은 행복해지기 위한 가장 좋은 방법이 '타인에게 공감하는 것을 배우는 것'이라고 말합니다. 공감이란 상처받은 사람들을 보며 깊은 연민을 느끼고 진심으로 슬퍼하는 것을 뜻합니다. 사랑과 공감은 우리의 행복과 매우 밀접한 연관을 맺고 있습니다. 공감은 우리에게 에너지와 결단력과 친절을 주며 이는 용서와 내면의 힘, 그리고 두려움과 역경에 맞서 이겨낼 수 있는 자신감을 가져다주게 됩니다.

다행인 것은 연습을 통해 타인에게 공감하는 능력을 키울 수 있다는 것입니다. 일반적으로 명상을 통해서 공감하는 것을 배우고 자애심을 베풀 수 있게 됩니다.

먼저 편하게 앉거나 누울 수 있는 공간을 정합니다. 편하게 자리를 잡고 스스로에게 자애심을 베푼다고 생각하며 집중합니다. 그리고 건강하고 행복할 수 있기를 진심으로 기원하세요. 이런 생각을 하며 잠시 그대로 자세를 유지합니다. 이제는 여러분의 마음속에 가장 친한 친구를 불러 봅니다. 그 친구가 바로 옆에 앉아있다고 상상하면서 그 친구의 웰빙과 행복을 빌어봅니다. 모든 준비가 끝나면 평소 잘 알지 못하는 사람을 마음속에 떠올려 봅니다. 가게 점원, 혹은 그저 오다가다 만났던 누군가도 좋습니다. 이제 그 사람이 건강하고 행복하기를 기원해 봅니다. 이제는 평소 불편하게 생각했던 사람을 떠올려 봅니다. 다들 이 부분에서 어렵다고들 하는데요. 그들 역시 웰빙과 행복을 원하는 사람들일 거라고 생각해 보세요. 또한 언제나 주어진 환경 속에서 행복해지고자 애쓰고 있을 겁니다. 진정한 행복으로 가는 그들의 여정이 무탈하게 흘러가기를 기원해 주세요. 마지막으로 온 우주를 포함해 여러분의 시야를 넓혀 봅니다. '온 세상의 인간과 동물들이 모두 건강하고 행복하기를' 기도해 보세요.

★

명상이 끝난 후 어떤 기분이 들었습니까?
명상을 마치고 나서, 주변 사람들과의 관계가 어떤 식으로 달라졌나요?
타인에게 친절과 공감을 표현하기 위해 어떻게 했습니까?

도덕적 기준을 세워라

행복이란 생각과 말 그리고 행동이 조화를 이룰 때 찾아온다.

– 마하트마 간디

여러분의 가치 기준은 세상사에 대한 커다란 잣대를 제공합니다. 무엇이 중요한지 판단할 수 있도록 만드니까요. 이는 도덕적 기준을 제공하고 대부분의 경우, 여러분의 행동을 결정합니다. 여러분의 가치를 아는 것은 판단을 더욱 수월하게 해줍니다. 무엇이 문제인지 정확히 감지하는 것을 통해 어떻게 행동할지와 문제를 해결할 수 있는 방법을 깨달을 수 있습니다. 결국 가치는 우리에게 신념과 책임을 부여합니다.

때때로 우리의 생활습관과 가치 사이에 갈등이 벌어지는 경우가 있습니다. 사회에서는 가장 최근에 출시된 기술 혁신의 산물을 소유하는 생활습관에 집중하고, 세계로 나아가 경제적 성공을 이루는 것에 집중하지만 그런 삶이 우리가 살아가는 데 진정으로 중요하다고 생각하는 것과 반드시 일치하지는 않습니다. 행복을 위해서는 물질적인 풍요를 위해 돈을 버는 것보다 가족이나 친구들과 더 많은 시간을 함께 보내고 스트레스와 중압감을 덜 받는 삶이 중요하다는 것을 알고 있으니까요. 하지만 그 두 가지 대립적 상황이 불행의 원인으로 작용할 수 있습니다.

규칙적으로 여러분의 도덕적 기준을 살피는 시간을 가지면 행복으로 가는 여정을 따라가는 데 도움이 됩니다. 만약 인생에서 무엇이 중요한

지에 대한 외적인 중압감이나 기대에 따르는 것이 버겁다고 느껴진다면, 내적 가치와 외적 기대가 조화를 잘 이루고 있는지 다시 생각해 볼 필요가 있습니다. 여러분이 생각하는 가치를 깊이 고민해 보고 그에 따라 행동하는 것은 웰빙과 행복에 대한 강력한 감각을 불러일으킬 것입니다.

　다음은 여러 가지 가치들을 나타낸 것입니다. 다음 중 여러분이 생각하기에 가장 중요하다고 생각되는 가치 10가지를 고르고 그중에서 여러분이 가장 중요하다고 생각되는 베스트 5가지를 고르세요.

업적	명성	명상
진정성	운	평화
자율성	우정	개개인의 선택
아름다움	자애로움	자존심
존경심	탐욕	신중함
소속감	좋은 물건을 소유하는 것	공적인 이익
명석함	권력을 가지는 것	타인을 최선에 두는 것
협력	최상의 품질	나를 최선에 두는 것
연민	정직함	질적인 관계
개인 역량	희망	신뢰도
경쟁심	겸손함	명망
타인과의 관계	유머감각	자제심
협동심	개인성	소속감
창의력	관용	사회정의
효율성	상호의존	높은 지위
평등	친밀감	지속 가능한 삶
탁월함	친절	신용
신념	동료애	신뢰도

★
위의 가치들 중에서 당신이 가장 공감하는 것은 무엇입니까?
인간관계를 맺어야 하는 자녀들에게 가장 강조하고 싶은 가치는 무엇인가요?

진정한 행복을 위해서
물질적인 풍요만을 위해 돈을 버는 것보다
가족이나 친구들과 더 많은 시간을 보내고
스트레스와 중압감을 덜 받는 삶이 더 중요하다.

위대한 힘의 존재를 믿어라

나보다 더 위대한 것들에 부딪혀 실패할수록
우리에게는 더 많은 에너지가 생긴다.

– 노먼 빈센트 필

많은 사람들이 자신보다 더 위대한 힘의 존재를 믿습니다. 어떤 이들은 그 위대한 힘과 자신의 관계 혹은 존재, 신념을 종교라고 부르고 또는 영적인 것이라고 말합니다. 그들의 삶에 이런 위대한 힘의 존재를 뭐라고 명명하건, 이는 여러분의 가치와 밀접하게 연관되어 있습니다.

앞서 우리의 가치 기준이 이 세상을 살아가는 방법과 타인과의 관계에서 얼마나 큰 길잡이 역할을 하는지에 대해 알아보았습니다. 많은 사람들이 자신의 영적인 부분이 행동을 결정하는 매우 중요한 역할을 하고 있다고 말합니다.

2012년 갤럽 조사에 따르면, 세계 150개국 이상에서 전 국민의 절반 이상이 일주일에 한 번 이상 종교 단체를 찾는다고 합니다. 또한 연구 결과를 보면 영적인 믿음을 가지고 있거나 종교를 가진 사람이 그렇지 않은 사람보다 더 많이 행복하고 삶에 대한 만족도가 높다고 밝혀진 바 있습니다. 행복에 대해 연구하는 사람들의 말에 따르면 종교를 가진 사람들은 가족과 다른 사람을 돕는 것, 그리고 자원봉사를 삶의 우선순위로 두고 있다고 합니다. 이러한 행위들이 우리의 행복을 더욱 높여준다는 것입니다.

영적인 힘은 개인적이고 사회적인 면을 동시에 가지고 있습니다. 자신만의 신념이나 믿음을 가진 사람들의 경우, 자신의 삶에서 이러한 부분에 커다란 의미를 부여하고 있으며 그로 인해 더욱 존중받는 느낌을 가집니다. 이런 영적이고 또 종교적인 단체들은 든든한 지원군이 되어줄 뿐만 아니라 소속감도 느끼도록 해줍니다.

자기 자신보다 더욱 중요한 존재에 대한 믿음을 가지면 힘든 시간이 닥쳤을 때도 쉽게 회복할 수 있습니다. 믿음이 깊은 사람들은 덜 좌절하고 언제나 굳건하며, 특히 사랑하는 사람의 죽음과 같은 상실의 시간이 와도 묵묵히 견뎌내곤 합니다. 나보다 더욱 위대한 존재가 있다는 믿음을 가지고 있으면 인생을 살아갈 때 더욱 강한 목적의식을 가지는 데도 도움이 됩니다.

★

당신에게 영적인 힘은 어떤 것을 의미하나요?
일상에서 그런 영적인 존재와 어떻게 관계를 이어가고 있습니까?
만약 영적인 존재를 믿지 않는다면 어떻게 마음의 평안을 찾는 편입니까?
희망과 낙관적인 태도를 가지는 데 무엇이 도움이 됩니까?
힘든 시기가 닥쳤을 때, 어디서 도움을 받나요?
여러분의 가치 기준을 정하는 데 특별히 도움을 받은 것이 있습니까?
무엇을 통해 경이로운 힘을 깨닫습니까?

• 나 자신의 가장 좋은 친구가 되기 위한 약속 •

혼자 시간을 보낼 때 가장 좋은 것 :

나 자신의 가장 좋은 친구가 되기 위한 목표 :

전에 나를 대하던 방식 :

그 외에 나를 지지하고 응원해 줄 수 있는 것 :

나의 자신감을 극대화하기 위한 방법 :

다음으로 도전할 단계 :

Domain 2

말끔하게 단장하기

꽃을 피우는데 따르는 위험보다
봉오리 안에 있다는 것이 더욱 견디기 힘든 날이 왔다.
– 아나이스 닌

남녀를 막론하고 머리와 몸을 말끔하게 단장하는 것은 나 스스로를 더 멋진 존재로 느낄 수 있게 해주는 인생 영역 중 하나입니다. 물론 그런 패션이나 헤어스타일을 인위적이고 얄팍한 것으로 착각하게 만드는 경우도 있지만, 말끔한 외향은 우리 자신을 세상에 드러내는 방식이면서 또한 자신감과 결부되어 있습니다. 그리고 연구 결과에 따르면, 남들 앞에 멋진 모습으로 나타났을 때 스스로 더 행복하다고 느낀다고 합니다.

여러분의 모습에 자신감을 느끼면 그만큼 행복지수도 눈에 보일 정도로 상승하게 마련입니다. 이는 한쪽 분야의 발전이 다른 쪽을 함께 상승시키는 즐거운 상호작용의 힘이라고 볼 수 있습니다. 하지만 반대의 경우, 한쪽 분야를 등한시하면 또 다른 하나가 약화되기도 합니다.

우리 자신을 세상에 어떤 식으로 표현하는지에 따라서 우리의 위치도 달라집니다. 그만큼 여러분의 외향도 중요합니다. 이는 누군가의 생각이 그들의 외향에 따라서 판단되기 때문이 아니라 우리의 외향을 통해 세상을 향한 에너지를 발산시킬 수 있기 때문입니다. 그리고 여러분이 변화를 모색하고 있다는 사실을 다른 사람에게 알리고 싶다면, 머리 스타일을 바꾼다거나, 염색을 하거나, 새로운 안경테로 바꾸면 눈에 띄는 변화로 부각될 수 있습니다.

우리 모두 각자 나름대로의 개성을 가지고 있으며 개인적인 차이가 있습니다. 우리의 외향은 우리가 남들에게 보여주고자 하는 모습이어야 합니다. 그렇다고 최신 유행을 따를 필요도 없고 괜히 다른 사람에게 잘 보이고 싶어서 돈을 펑펑 쓸 필요는 더욱 없습니다. 거울 앞에서 몇 시간을 허비할 이유 또한 없겠죠. 다만 사람들에게 어떤 모습으로 보이고 싶은지 고심하고 내면의 아름다움을 갈고 닦는 시간을 가지는 것으로도 충분합니다.

★

당신의 옷차림을 어떤 식으로 개선할 수 있을까요?
주변 친구들, 동료들, 가족들 혹은 주변 사람들이 당신의 옷차림에 대해서
뭐라고 표현합니까?
바깥에 외출할 일이 생겼는데 특별히 멋지게 보이고 싶은 날이라고 상상해 보세요.
어떤 옷차림을 하면 기분이 좋아질까요?
자신과 다른 사람들의 미를 어떻게 감지할 수 있을까요?

카페로 가서 잠시 주변 사람들을 관찰해 보세요. 거리에 있는 사람들을 보며 그 사람들이 어떤 식으로 자신을 표현하고 있는지 살펴봅니다. 사람들이 입은 옷의 색깔과 모양을 유심히 살펴보세요. 여러분이 입고 싶은 옷차림을 스케치해보거나 앞으로 도전해 보고 싶은 옷차림의 목록을 작성해 봅니다.

- 그 옷차림이 왜 멋지다고 생각하나요?
- 그동안 입었던 옷 중에서 가장 잘 어울렸던 옷을 떠올리면 어떤 점이 떠오릅니까?
- 다른 사람들은 자신의 옷차림을 통해 어떤 면을 보여주고 싶어 하는 것 같습니까? 옷차림을 보고 그 사람의 의도를 알아차릴 수 있나요?
- 이러한 과정을 통해 무엇을 느꼈습니까?

여러분을 어떤 사람으로 표현하고 싶은지 고민해 보고, 자기 체형과 삶의 방식에 가장 잘 어울릴 법한 옷차림을 생각해 봅니다. 앞으로 어떤 느낌의 옷을 입고 싶은지 그리고 어떤 모습으로 보이고 싶은지 적어보세요.

- 옷차림을 통해서 다른 사람들에게 어떤 메시지를 전달하고 싶습니까?

진짜인 것처럼 연기하라

날개 없이 태어났다면 날개가 생기는 것을 막지 마라.

- 코코 샤넬

오늘따라 자신감도 떨어지고 기운도 없고 섹시하다는 느낌이 들지 않는다고요? 그런 날에는 정말 기분이 좋아 하늘을 날 것 같은 사람처럼 한껏 차려입는 것도 좋습니다.

자신을 대중매체 속의 이미지와 비교하게 되는 것은 어쩌면 당연하고 자연스러운 일입니다. 하지만 대중매체 속 이미지는 비현실적이고 평범치 않으며 대부분 각색되어 있다는 것을 잊어서는 안 됩니다. 대중매체 속의 이미지들은 경제 논리와 광고주 기호에 따른 것이며 현실을 반영하지도 않습니다. 여러분의 기분을 나아지게 만들지도 못합니다. 여러분은 대중매체 속의 이미지와 자신을 비교하는 일을 멈추어야 합니다. 여러분을 진정으로 사랑하는 사람이 원하는 자신의 모습을 떠올려 보세요. 기분이 우울하더라도, 한껏 단장을 하고 멋지게 차려입으면 스스로도 놀랄 일이 벌어질 겁니다.

굉장히 성공하고 강하고 매력적인 기분이 드는 옷차림을 하면, 믿거나 말거나 정말 그런 사람이 된 것 같은 기분이 듭니다. 그러면 아무리 멋들어진 무리 속에 있어도 움츠러들지 않게 됩니다. 다른 사람들이 여러분을 정말 성공하고 자신감 넘치고 힘 있는 사람처럼 대하면, 자존감이 생기고 그 결과물이 잘 나오게 마련입니다.

스스로를 가꾸고 단장하는 것은 자신감을 끌어올려 주는 최고의 방법입니다. "난 중요한 사람이야."라고 말하는 가장 좋은 방법이기도 하죠. 그저 그렇게 보이는 옷을 입기 전이라고 해도, 몸속부터 자신감을 불어넣어 주는 것이 중요합니다. 다음 영역에 나오는 '데이 스파'의 팁을 기억해 두세요. 일단 몸속부터 상쾌한 기분을 느끼고 나서 멋들어진 옷을 입고서 엄청난 에너지가 뿜어져 나오는 것을 만끽하세요. 고개를 들고 옷이 몸에 착 들어맞도록 자세를 바르게 합니다. 양쪽 어깨를 당당히 펼치기만 해도 훨씬 더 멋진 모습으로 보일 수 있습니다. 여러분이 가진 멋진 모습에 집중하고 그 기분을 점점 고양시켜 보세요. 다른 사람의 칭찬도 여유 있는 태도로 받아들이면, 앞으로 훨씬 더 많은 찬사를 들을 수 있을 겁니다!

★

자신감을 느꼈을 때 어떤 변화가 있습니까?
다른 사람은 그 변화를 어떻게 감지할까요?
자신감을 느낄 때, 어떤 식으로 옷을 입습니까?
어떤 스타일로 옷을 입었을 때, 사람들이 찬사를 보냈나요?
앞으로 사람들로부터 멋지다는 칭찬을 더 자주 듣게 된다면 기분이 어떨까요?
지금 하는 일에 맞추어 옷을 입지 않고 앞으로 내가 하려는 일에 맞추어
옷을 입으면 어떤 점이 달라질까요?

과감하게 옷장을 정리하라

패션은 여성을 더욱 아름답게 만들기 위한 것일 뿐만 아니라
그들에게 자신감을 주기 위한 것이라고 나는 굳게 믿는다.

– 이브 생 로랑

분주한 일상을 살다 보면 매번 같은 옷을 입는 것에 나도 모르게 길들여지게 됩니다. 이는 '구관이 명관이다'라는 태도이거나 변화를 시험하는 것이 두렵기 때문인데요. 패션 잡지에 등장하는 멋진 모습은 한눈에도 복잡하고 실패할 가능성이 많아 보입니다. 그래서 익숙한 옷차림을 고수하는 편이 훨씬 더 쉽게 느껴집니다. 하지만 스스로를 세상에 어떤 식으로 표현하는지에 따라서 자신감과 행복까지도 더불어 상승하는 효과를 누릴 수 있다는 점을 기억해야 합니다.

그저 옷장 문을 열고 옷을 정리한다는 것조차 대부분의 사람들에게는 굉장히 힘든 일임에는 분명합니다! 이는 든든한 지원과 격려의 말이 가장 큰 힘이 되는 작업이기도 할 겁니다. 주변 친구 중에서, 나한테 정말 잘 어울리고 기분 좋은 옷과 수거함에 던져버려야 할 옷을 함께 고민해줄 사람이 있습니까? 평소 여러분이 멋지다고 생각하는 스타일의 옷을 입는 친구나 솔직하고 대담하게 진실을 말해줄 믿을 만한 친구를 찾아보세요.

만약 혼자서 옷장을 정리해야 하는 경우라면 용감하고 과감해져야 합니다. 진정한 변화를 위해 마음을 다잡고 최상의 결과를 끌어내기 위해

미리 큰 거울을 준비하세요. 내가 언제 가장 멋져 보이고 기분이 좋은지는 본인이 가장 잘 알 테니까요. 자신의 목소리에 귀를 기울이고 스스로의 의견을 존중하세요.

먼저 쓸모없는 옷들과 멋지고 기분 좋은 옷을 차례대로 정리하는 것부터 시작합니다. 옷이 헤졌거나 몸에 맞지 않거나, 자기 체형과 스타일에 어울리지 않는 옷들은 따로 골라내야 합니다. 만약 일 년 이상 입지 않고 내팽개쳐 두었던 옷이 있다면, 그건 일종의 신호라고 생각하세요. 머리 끝부터 발끝까지 한눈에 들어오는 전신거울을 활용하세요. 어떤 옷은 전신거울에 비춰봐야만 그 빛을 발하는 법이니까요. 거울 속에 비친 나의 모습을 보면서 부정적인 혼잣말을 하지 않도록 주의하세요.

수선이 필요한 옷과 자선단체에 보낼 옷, 쓰레기통에 버릴 옷과 도저히 버리기 힘든 옷들을 구분해서 상자에 넣습니다. 속옷의 경우도 마찬가지입니다. 제대로 내 몸에 맞는지 살펴보고 조금이라도 헤진 속옷은 바로 쓰레기통으로 직행합니다. 여러분의 기분을 좋게 만들고 멋지게 꾸며주는 옷만 남겨두세요. 신발장과 코트, 그리고 액세서리의 경우도 똑같은 방법으로 정리합니다. 그런 과정을 통해서 정말로 멋진 보물 같은 소품을 발견하게 될 수도 있겠죠.

일상생활에 반드시 필요한 옷이 뭔지 고민해 봅니다. 새로운 코디를 시도해 보는 것도 좋겠죠. 빈 노트를 꺼내서 새로 시도해 보고 싶은 코디 방법을 적어보세요. 핸드폰으로 사진을 찍어두는 것도 좋은 방법입니다. 옷장 정리를 마무리하기 전에 새로 발견한 물건이나 기억해 두어야 할 소품을 종이에 적어 두세요.

마지막으로 매일 꺼내서 입기 편하게 옷을 차곡차곡 정리합니다. 색상이나 스타일에 따라서 구분해 두는 것도 좋습니다. 옷장이 잘 정리되어 있으면 아침마다 쉽게 옷을 골라 입을 수 있어서 한결 마음이 산뜻하고 가벼워 질 겁니다.

이제 옷장 정리가 끝났으면, 지금 가지고 있는 옷들을 어떻게 잘 보관 할지 고민할 차례입니다. 정기적으로 옷을 세탁하고 다림질하고 있습니 까? 액세서리의 경우, 종류별로 정리해 두고 정기적으로 세척을 해서 최 상의 상태로 보관하고 있나요? 일단 옷을 코디할 방법을 생각해 두고 그 때그때 찾아서 입기 쉽도록 보관하는 것이 제일 우선시되어야 합니다. 어떤 옷을 입건 간에, 지금 옷장 속에 보관되어 있는 옷들을 잘 활용하는 것이 제일 좋습니다.

★

옷을 고르는 시간을 줄이고 더 다양한 옷차림을 하려면 어떻게 하는 것이 좋을까요?
정말 필요한 것인데 옷장 속에 없는 것은 무엇인가요?
아침에 옷을 고르는 시간을 단축시키기 위해서 어떤 것이 도움이 되겠습니까?
더 편하게 옷을 골라 입으려면 옷장을 어떻게 정리하는 것이 좋을까요?

기분 좋아지는 옷차림을 하라

세상에서 가장 멋진 색은 나에게 잘 어울리는 색이다.

– 코코 샤넬

앞으로 길거리에서 멋지게 옷을 입고 지나가는 사람을 보게 되면, 유심히 관찰해 보세요. 몸매가 날씬해서 멋져 보이는 것은 아닌가요? 자기 체형이나 피부색에 가장 잘 어울리는 스타일로 옷을 입었나요?

옷을 입을 때는 사이즈보다 전체적인 체형에 최대한 관심을 기울여야 합니다. 여러분의 체형을 정확하고 정직하게 가늠해 보고 나면 장점은 드러내고 단점은 보완할 수 있게 될 겁니다.

길이감은 어떤 옷을 입을지 결정하는데 가장 중요한 요소입니다. 짧은 길이와 중간 길이 그리고 긴 길이의 옷을 위아래로 입어보고 각각 비교해 보세요. 너무 헐렁하게 입거나 너무 달라붙게 입으면 오히려 몸이 비대해 보일 수 있기 때문에 딱 맞는 크기의 옷차림이 좋습니다. 아무리 멋진 옷이라도 내 몸에 맞지 않으면 절대로 구매해서는 안 됩니다.

색감 역시 다른 사람에게 나를 표현하고 우리의 기분을 좌우하는데 많은 영향을 미칩니다. 색은 기분과 감정을 그대로 드러내고 극대화해주기 때문인데요. 색깔에 따라 기분이 달라지는 것은 전적으로 주관적인 경험에 기반을 두는 것입니다. 개개인에 따라 어울리는 색이 다를 수 있습니다. 각기 다른 색의 옷을 얼굴에 대보면 어떤 색이 나와 가장 잘 어울리는지 판단할 수 있습니다. 어떤 색은 여러분을 건강하고 생기 있어 보이게 하고 어떤 색은 그 전날 밤새 놀고 지쳐 보이는 사람처럼 보이게 합니다. 또한 해마다 유행하는 색이 달라지기 때문에 어떤 색이 나를 돋보이게 하는지 파악하는 것이 중요합니다. 그러고 나면 쇼핑도 훨씬 더 쉬워질 겁니다.

검은색은 누구에게나 어울리는 안전한 색이지만 항상 날씬해 보이는 것은 아닙니다. 온통 검은색으로 옷을 입으면 라인을 구분하기 힘들어서 오히려 뚱뚱하게 보일 수도 있다는 점을 명심하세요.

자신감이 생겨 새로운 색상과 스타일을 시도하다 보면, 나에게 어울리는 색이 나타나게 됩니다. 바로 그 색깔이 여러분을 더 행복하고 밝고 멋지게 만들어 주는 색이 되겠죠. 평소보다 대담하게 옷을 입어보고 그 옷차림이 하루 동안 나에게 어떤 영향을 주었는지 살펴보세요.

나이가 들어감에 따라 또 다른 문제가 생깁니다. 어떤 종류의 옷이 내 연령대에 가장 잘 어울릴까요? 만약 나이가 어리다면 다양한 스타일로 변신할 수 있는 여지가 있습니다. 그야말로 실험적이고 재미있는 시도를 즐기기에 적당한 시기이니 최대한 그 시절을 만끽하세요. 젊은 세대이건 중년이건 나이가 들었건, 여러분 모두 자신에게 어울리는 옷차림으로 지금 시절을 최대한 멋지게 보내시기 바랍니다.

★

나의 삶에 만족하고 기분이 좋아지게 만들고 싶을 때 어떤 옷을 입나요?
자기 체형에 가장 어울리는 스타일은 무엇인가요?
내 성격에 가장 어울리는 색은 무엇인가요?
여러분의 피부색에 가장 어울리는 색은 무엇인가요?

나만의 개성을 뽐내라

삶 자체에서 황홀함을 찾아라.
살아있다는 감각 자체로 충분히 즐겁지 않은가.

– 에밀리 디킨슨

액세서리는 여러분의 스타일을 한 단계 끌어올려줄 최고의 아이템입니다. 독특한 보석 하나로 옷 전체가 완전히 달라 보일 수도 있죠. 스카프나 모자, 앤티크 브로치나 광택이 나는 핸드백을 잘 매치한다면 오래된 옷도 새것처럼 다르게 보일 수 있습니다. 또한 포인트 액세서리를 잘 착용한다면 평소 마음에 들지 않았던 부분으로 다른 사람의 시선이 가는 것을 피할 수 있게 됩니다.

액세서리는 나만의 개성을 표현하는 데 도움이 될 뿐만 아니라, 비싼 돈을 들이지 않고도 유행을 따라갈 수 있도록 해줍니다. 애니멀 프린트가 유행이라고요? 그렇다면 바지 대신 스카프를 구입하세요. 최신 유행하는 스타일에 따라서 제일 싸고 감각적인 액세서리를 구입하고 나머지는 비싼 옷을 살 때 투자하세요. 플라스틱으로 만든 뱅글(빈티지 제품의 경우), 가격은 저렴하지만 옷차림에 큰 변화를 줄 수 있습니다. 코코 샤넬의 경우에도 진품과 모조품을 함께 코디했습니다. 여러분도 충분히 시도해 볼 수 있습니다!

안경테도 여러 가지 모양과 사이즈, 색상으로 변화를 준다면 자신을 표현하는데 도움이 됩니다. 혹시 지난 15년 동안 똑같은 안경테를 쓰고 다니지는 않으셨나요? 그렇다면 새로운 스타일의 안경테로 과감하게 바꿔보세요. 순식간에 여러분의 모습이 달라질 수 있습니다. 자신의 피부색과 얼굴형에 잘 어울리는 안경테를 골라보세요. 선글라스 역시 자신의 멋 내기에 효과가 있고 눈가의 주름을 가리는 좋은 방편이 됩니다. 작렬하는 태양빛으로부터 눈을 보호할 수 있는 기능적인 측면도 있으니 활용해 보세요.

남성의 경우, 멋진 시계나 파격적인 모자나 선글라스로 옷차림을 개성 있게 변화시키고 사람들 사이에서 도드라져 보일 수 있습니다. 여러분의 개성을 확연히 드러내 줄 수 있는 액세서리를 골라보세요. 좋은 시계와 넥타이에는 많은 돈을 투자해도 전혀 아깝지 않습니다. 빈티지한 느낌의 모자는 어떤 계절에도 근사한 스타일을 만들어 줍니다. 특별한 향수도 스타일을 완성하는 데 도움이 됩니다. 하지만 남성의 경우, 괜찮은 제품으로 최소한의 양만 뿌리는 것이 중요합니다. 커프스 링과 스카프, 비니를 이용해서 자기만의 개성을 뽐내는 것도 좋습니다.

액세서리는 사람들이 가장 쉽게 알아볼 수 있고 그에 대한 질문을 던지기 좋은 아이템인데요. 뭔가 의미가 있거나 여러분에게 상징적인 것을 골라보면 어떨까요? 액세서리 하나로 대화의 장이 열릴 수도 있을 테니까요. 사람들의 찬사를 자아낼 수 있는 액세서리를 골라서 즐거운 대화를 시작해 보세요.

★

옷장을 개선하기 위해 어떤 방법을 사용할 계획입니까?
어떤 액세서리가 자신에게 가장 잘 어울린다고 생각하세요?
어떤 스타일로 자신을 새롭게 표현하고 싶습니까?

스스로를 소중히 하라

대지는 당신의 맨발을 느끼며 기뻐하고
바람은 당신의 머리칼을 만지기를 열망한다는 사실을 잊지 마라.

− 칼릴 지브란

대부분 사람들은 휴식을 취하고 기분이 좋을 때 최상의 컨디션에 오릅니다. 호화로운 '데이 스파'는 행복한 하루를 꿈꾸는 사람들이 생각해 낸 아이디어입니다. 비록 이러한 행복이 짧은 순간에 불과할지라도, '데이 스파'는 여러분의 몸을 쉬게 하고 에너지를 되살리며 마음을 차분하게 만들어 주는 좋은 방법입니다. 더불어 조용히 사색을 즐길만한 공간도 제공해 줍니다. '데이 스파'를 즐기고 나면 온몸에 기운이 살아나고 건강해진 기분이 들 겁니다.

집에서 편하게 '데이 스파'를 즐겨보세요. 온몸을 뜨거운 물에 담그고 휴식을 취하면 놀라울 정도로 원기가 회복되는 것을 느낄 수 있습니다. 한 주간의 일정이 끝나고 몸을 쉬게 해주고 싶은 날 뜨거운 물에 홀로 앉아 혹은 사랑하는 사람과 함께(두 사람 모두 스파를 즐긴다는 가정 하에) 스파를 즐겨보세요. 행복한 시간을 보낼 수 있습니다.

가장 이상적인 것은 자기 집에서 편하게 스파를 즐기는 것인데 가능하지 않을 수도 있겠죠. 그럴 경우, 형편에 맞추어서 변형하면 됩니다. 먼저 마음이 편해지는 음악을 틀고 촛불을 켜거나 뜨거운 램프 위에 향기로운 오일을 떨어트리는 것도 좋습니다. 욕조를 물로 채우고 목욕용 소금이나 오일을 넣습니다. 향긋한 바닐라 향, 장미 향, 프랭지파니 향이 나는 바디 스크럽으로 천천히 온몸을 마사지하듯 문지릅니다. 피부에 생기를 더하기 위해 목욕용 장갑을 사용하는 것도 좋습니다. 머리카락이 건조할 경우, 헤어 컨디셔너를 사용하면 머리에 윤기를 더할 수 있겠죠.

몸에 수분을 계속 공급하기 위해서 데이 스파를 즐기는 동안 허브 티를 마시는 것도 잊지 마세요. 뜨거운 물이 든 주전자에 민트 잎이나 신선한 레몬그라스 더해서 산뜻한 차를 만들어 보세요. 아니면 샴페인 한 잔을 마음껏 즐기는 것도 좋습니다.

'데이 스파'를 마무리하는 단계에서는 부드러운 크림을 온몸에 발라 수분 막을 유지하고 한껏 가뿐해진 몸을 느껴보세요.

★

여러분의 몸을 소중히 하는 경험을 어떤 식으로 계획하고 있습니까?
피부와 머리카락, 그리고 손톱과 발톱을 말끔히 하고 재생시키는 데 어떤 것이
도움이 될까요?

• 내 몸을 잘 가꾸고 다듬기 위한 약속 •

지금 나 자신에 대해 만족하는 부분 :

현재보다 더욱 발전된 모습이 되기 위한 나의 목표 :

과거에 나를 꾸미던 방식 :

그 외에 나를 지지하고 응원해 줄 수 있는 것 :

나의 자신감을 극대화하기 위한 방법 :

다음으로 도전할 단계 :

나만의 생활공간을 디자인하라

집안에 아무것도 없다면
그것이 유용한지 아니면 아름다운 것인지 알 길이 없다.

- 윌리엄 모리스

많은 사람들이 가장 편하게 쉴 수 있는 공간이 어디일까요? 자신의 집이 아닐까요? 나에게 필요한 모든 것이 갖춰져 가장 편하고 나답게 만들어 주는 곳이니까요. 또한 집이라는 공간은 개인의 취향이 잘 드러나는 곳이기도 합니다.

실제로 시장조사전문기업 마크로밀엠브레인의 트렌드모니터가 전국 19~59세 성인남녀 2,000명을 대상으로 '홈 인테리어'에 관한 조사를 실시한 결과를 보면 전체 응답자의 87.8%가 집안 인테리어를 자신의 개성을 나타내는 수단으로 생각한다고 답했습니다.

최근에는 집의 의미가 단순한 주거공간에서 취미 · 여가생활을 즐기는 장소로 변화되고, 집안 활동이 늘어나는 경향과 맞물려서 집에서 가볍게 술 한잔 즐길 수 있는 환경을 원한다는 응답이 77.1%, 커피를 마실 수 있는 공간을 만들고 싶다는 응답이 89.5%에 달하는 상당히 높은 수치가 나와 단순한 안식처의 개념에서 스스로 즐길 수 있는 공간으로 진화되어 가고 있음을 여실히 알 수 있습니다.

얼마 전 친구 중에 한 명이 집을 팔기 위해 내놓았습니다. 잡동사니를 정리하고 고장 난 곳을 수리하고 새로 페인트칠하여 새 단장을 했더니

새집처럼 바뀌어서 팔고 싶은 마음이 완전히 사라졌다고 합니다. 또 하나 깨달은 것은 집을 깨끗하게 하는 것이 얼마나 쉬운 일인가라는 점이었다고 합니다. 친구가 말하기를, "조금만 더 일찍 이렇게 싹 정리할 마음을 먹었다면, 이 집에서 훨씬 더 행복하게 지낼 수 있었을 텐데."라고 아쉬워하더군요.

여러분이 잡동사니 하나 없이 말끔한 공간을 선호하는 스타일이건 온갖 물건을 들여놓고 꽉 채워 놓는 것을 선호하건 상관없이 생활공간과 정원, 혹은 작업실을 새 단장하는 것은 여러분의 집중력을 높이는 데 큰 도움이 됩니다. 어떤 주변 환경이 여러분에게 영감을 주는지 어떻게 하면 삶이 더 풍요로워질 수 있을지 고민해 보세요. 특별한 의미를 가진 물건, 여행지의 추억이 담긴 사진으로 집안을 꾸미는 것만으로도 일상의 행복을 더할 수 있습니다.

집안을 천천히 돌아다니면서 여러분의 마음에서 들리는 소리에 귀를 기울여 보세요. 방마다 잠시 멈춰서 자세히 살펴보고 어느 곳이 가장 여러분의 마음을 편하게 만드는지 확인해 보는 겁니다.

★

무엇이 안락함을 더하는 데 도움이 될까요?
당신이 가장 행복을 느끼는 공간은 어디입니까?
당신이 선호하는 인테리어 스타일과 테마가 의미하는 것은 무엇입니까?
현재 같이 집에 사는 사람은 누구이고, 가족들이 좋아하는 인테리어는 어떤 것인가요?

여러분이 좋아하는 집의 사진을 수집해 보세요. 눈길을 끄는 색감의 구도와 집안에 두면 좋을만한 인테리어 소품의 사진도 모아둡니다. 그 사진들을 전부 모아서 노트에 붙이고 당신이 원하는 집의 전체적인 느낌과 모습을 떠올려 보세요.

• 당신이 모은 사진 속의 공통적인 테마와 패턴은 어떤 것인가요?

• 지금 사는 집을 개선하기 위해서 그 사진들을 어떻게 이용할 생각입니까?

잡동사니를 정리하라

단순하게 살면 그 이외의 것들도 쉽게 흘러간다.
– 성 엘리자베스 베일리 시턴

집안이 깨끗하면 보는 눈이 즐겁지만 잡동사니가 가득하면 눈살이 찌푸려지는 것은 인지사정입니다. 잡동사니가 적으면 공간이 넓어 보이고 청소하기도 쉬울 뿐만 아니라 집안일을 할 때 힘도 적게 듭니다.

먼저 저장 공간(찬장, 창고, 베란다, 주차장)부터 정리해 보세요. 정기적으로 사용하는 물건만 남기고 전부 치우는 겁니다. 일단 물건을 창고에 넣어두고 시간이 조금 지나면 그 안에 뭐가 있는지 기억하지 못하게 됩니다. 일단 저장 공간을 비우고 나면, 다른 방에 있는 잡동사니를 정리할 수 있는 여유 공간이 생깁니다.

한 시간 정도 방의 잡동사니를 정리하는데 할애해 보세요. 필요가 없거나 용도가 불분명한 물건을 찾아 그 물건들은 곧바로 치우거나 제자리를 찾아서 정리해 두세요. 잡동사니를 정리할 때, 스스로 자문해 봅니다. 정말 이 물건이 필요할까? 이 물건을 버리고 나면 언제 가장 불편할까? 이 물건을 마지막으로 사용한 것이 언제였지? 나 말고 이 물건을 더 유용하게 사용할 사람이 있을까? 이 물건이 내가 원하는 생활에 정말 도움이 될까? 만약 그 물건을 어떻게 해야 할지 판단이 서지 않거나, 가족들끼리 의견이 다르다면 잠시 창고에 보관해 둡니다. 재밌는 사실은 대부분의 경우, 다시는 그 물건을 찾지 않습니다.

바구니나 상자를 이용하면 잡동사니를 쉽게 정리할 수 있습니다. 또 다른 방법은 방 안에 있던 물건의 양을 가방이나 상자에 담아 반으로 줄이는 것입니다. 그래도 방이 지저분하다면 다시 그 절반으로 줄입니다. 그리고 '쓸 만한 것', '그저 그런 것'으로 나누어 보관합니다.

더 이상 사용하지 않을 것 같은 물건은 어떻게 할까요? 주변 친구들이나 자선단체에 기부하는 것도 좋습니다. 나에게는 더 이상 필요하지 않다하더라도 다른 사람에게는 유용하게 사용될 수 있고 환경보호 차원에서도 의미가 있습니다. 요즘 버려지는 물건에 디자이너의 창조적인 손길이 닿아 재창조된 리사이클 물건들이 상품으로 인기리에 팔리기도 합니다. 안 쓰는 물건은 내다 팔거나 고가의 물건은 온라인으로 판매를 해도 좋습니다.

마지막으로 필요하지 않은 물건은 애초에 구입하지 않도록 합니다. 물건을 사기 전에 "이 물건을 사면 내가 원하는 집을 꾸미는 데 도움이 될까? 아니면 결국 잡동사니를 하나 더 늘리는 걸까?"라고 자문해 보세요.

★

당신의 집을 넓어 보이게 만들 수 있는 여분의 공간을 찾아낼 수 있습니까?

• Inspring Idea •

다음 달은 식재료와 생필품을 제외하고 아무것도 사지 않습니다.
이를 통해 얼마나 많은 돈을 절약할 수 있는지, 쓸모없는 물건에 얼마나
많은 돈을 낭비해왔는지 가늠해 보세요.

긍정적인 생활공간을 만들라

그대의 집은 그대보다 더 큰 육체이다.
그 집은 태양 속에서 자라고 밤의 적막 속에서 잠을 청한다. 그리고 꿈을 꾼다.

– 칼릴 지브란

여러분의 행복을 지원하고 무럭무럭 키워주는 집을 상상해 보세요. 가구는 어떤 종류인지 소소한 세간들은 어떤 것이 있는지 그 재질과 색상은 어떠한지 상세하게 그려봅니다.

작지만 여러분이 살고 있는 집을 이상적인 공간으로 바꾸기 위해서 어떠한 변화가 필요할까요? 지금부터 진정한 행복을 꽃피울 수 있는 집을 만들어 볼까요?

먼저 모퉁이부터 시작해 보세요. 선반 몇 개, 그리고 조그만 장식품, 벽에 새로 페인트칠만 해도 볼 때마다 입가에 미소가 지어질 것입니다. 집안의 흐름(공간과 공간 사이를 어떻게 이동하는지)을 자세히 눈여겨보고 가구의 배치를 확인합니다. 특별한 공간을 만드는 것에는 집안을 청소하고, 잡동사니를 정리하고, 구도를 새롭게 바꾸는 것이 모두 포함됩니다.

도자기 그릇, 조명, 앤티크 소품, 진기한 인공 구조물 혹은 멋진 쿠션 같은 소품 하나만 바꾸어도 개성 넘치는 분위기를 만들 수 있습니다. 베개, 러그, 카펫 같은 패브릭 하나만으로도 여러분을 행복하게 만드는 분위기를 연출하는 데 도움이 됩니다. 또한 특색 있는 예술품 하나로 방을 완전히 변화시킬 수도 있습니다. 주변 예술가의 작품을 구입해 활용하면 비교적 가격도 저렴하고 여러분이 사는 지역 사회 예술가를 후원할 수 있다는 점도 있다는 걸 알아두세요. 아이들이 만든 작품이나 가족사진을 모던한 액자나 앤티크한 액자에 넣어 한 군데 정도 걸어두는 것도 좋습니다.

공간의 중심을 어디에 둘 것인지 고민해 보세요. 어느 지점에 초점을 두는 게 좋을까요? 손님들이 가장 먼저 볼 수 있는 곳에 예술품을 놓아두면 흥미를 자극할 수도 있습니다. 마당이나 현관, 출입구나 거실 복도 같은 곳이 바로 그런 곳입니다. 집안의 개성을 그대로 드러내는 예술품을 놓아둘 가장 적절한 장소를 골라보세요.

다음은 조명과 공간입니다. 조명을 적절히 사용하면 어두운 방의 분위기를 살릴 수 있습니다. 거울을 이용해서 자연광을 반사하도록 만들면 공간이 더욱 확장되어 보이는 효과도 볼 수 있습니다. 블라인드를 올려서 햇살이 집안을 비추도록 하세요. 창문을 열고 신선한 공기가 들어올 수 있도록 환기를 자주 하는 것도 좋겠죠.

일부러 짝을 맞추기보다는 전체적인 조화를 고려해 개성 넘치는 공간을 만드세요. 고풍스러운 집에 현대식 가구를 배치해서 부조화를 이루게 만드는 것도 흥미를 자극하는 데 도움이 됩니다.

지금 당장 여러분의 행복을 창조할 수 있는 나만의 개성 있는 집으로 만들어 보세요.

★

당신이 살고 싶은 공간을 다섯 단어로 표현한다면?
집안의 어떤 공간을 더욱 알차게 활용할 수 있을까요?
많은 돈을 들이지 않고 지금의 생활공간을 개선한다면 어떤 방법이 좋겠습니까?
지금 사는 집을 어떤 식으로 바꾸고 싶은가요?

정리정돈을 생활화하라

단순함은 궁극의 정교함이다.

– 레오나르도 다빈치

깨끗한 집에서 휴식을 취하는 것은 누구나 바라는 진정한 즐거움 중에 하나입니다. 스트레스를 줄일 수 있는 방법이기도 하죠. 그러기 위해 정리정돈을 습관화하는 것으로 늘 깨끗한 집을 만들 수 있습니다.

음식을 먹고 나서 그릇을 그냥 두지 않고 바로 씻어두는 데 얼마나 많은 노력이 필요할까요? 외출하고 돌아와 뺄 옷가지들을 바닥에 내팽개치지 않고 곧바로 세탁 바구니에 넣으면 뒤에 옷을 일일이 찾아 세탁해야 하는 번거로운 시간을 절약할 수 있습니다. 집에 돌아와서 옷을 벗으면 바로 가지런히 정돈을 하고 외투는 옷걸이에 걸어둡니다. 작은 옷걸이를 이용하면, 언제든 원하는 옷을 꺼내서 입을 수 있습니다. 아침에 일어나면 곧바로 침대를 정리하세요. 잡동사니를 늘어놓지 말고, 아이들 장난감이나 현관에 널려 있는 신발은 정리하여 차곡차곡 넣어둡니다. 아이들에게 물건을 정리하는 법을 가르쳐주는 것도 중요합니다. 잠자리에 들기 전, 그리고 외출 전에 집안을 말끔히 정리해 둡니다. 이런 방법을 통해 나중에 허비하는 시간을 줄일 수 있습니다.

모든 가족들이 실천할 수 있는 전략을 세워보세요. 어디에 무엇이 있는지 가족들에게 알려주고, 물건을 사용하고 나면 어디에 두어야 하는

지를 공유해서 누구나 쉽게 물건을 찾을 수 있게 해줍니다.

'정리정돈의 생활화'를 꾸준히 하다 보면 나중에 힘들게 대청소를 해야 하는 수고를 덜 수 있습니다. 저희 어머니는 매주 집안 청소를 하고 한 달에 방 하나를 정해서 구석구석 정리하는 것을 생활화하셨습니다. 그런 방식으로 이른바 '봄맞이 대청소'를 일 년 동안 계속하셨던 거죠. 덕분에 청소거리를 쌓아두지 않아서 고생스럽게 대청소를 해야 하는 수고를 덜 수 있었습니다.

★

소소한 일감을 쌓아두어 대청소를 해야 하는 수고를 피하려면
어떻게 하는 것이 좋을까요?

청소는 가족이 함께 해라

팀워크는 업무를 반으로 줄이고 성공을 두 배로 늘린다.

– 작자 미상

여러분, '떠들썩하게 난리 피우지 않고 조용히 정리하고 싶다'고 생각해 본 적이 있습니까? 이제부터 집안 청소 때문에 신경을 곤두세울 필요 없습니다. 철저한 청소 계획을 세우면 가족들과 함께 일을 처리하고 서로 공평한 분담을 통해서 힘든 일을 나누어 가질 수 있을 테니까요.

가족이라는 공동체의 힘을 활용해 보세요. 가족 전체가 자기가 맡은 부분을 하루 15분에서 20분씩 일주일만 투자하면(물론 청소의 규모가 커지면 시간도 길어집니다) 됩니다. 아주 짧은 시간이지만 실로 놀라운 결과를 얻을 수 있는 것은 물론이고 각자 공평하게 일감을 나누어 동시에 청소를 하면 부담도 줄어듭니다. 한 달에 한 번, 혹은 일주일에 한 번씩 누가 어떤 부분을 맡아서 정리할지 정하고 나면, 나중에는 그 일에 숙달되어서 청소를 미루거나 불만을 늘어놓는 일도 없어질 거예요.

일단 일감을 나누고 계획을 세우고 나면, 크게 고민할 필요 없이 자기 일만 처리하면 됩니다. 그리고 가족들도 불평하지 않고 자기가 맡은 바임무를 처리할 거예요. 아이들에게 집안의 소소한 청소를 맡기면, 집안 일을 배울 수 있는 기회도 생기는 셈입니다. 그에 따르는 보상을 준다면 더욱 동기부여가 되겠죠. 칭찬이 가장 좋은 보상이며 잔소리는 때로 금전적인 보상까지 감내해야 한다는 점을 잊지 마세요.

★

누가 어떤 일을 가장 자신 있게 할까요?

가족들이 가장 싫어하는 일은 무엇입니까?

어떻게 하면 최대한 공평하게 돌아가면서 맡을 수 있을까요?

당신이 생각하는 협동적인 집안일의 의미는 무엇인가요?

어떻게 하면 더 효율적으로 협업할 수 있을 것 같습니까?

정원을 가꿔라

우리는 화가의 언어가 아니라 자연의 언어에 귀 기울여야 한다.

– 빈센트 반 고흐

정원은 평온함과 정서적인 안정감을 주는 긍정적인 공간이 될 수 있습니다. 어떤 사람들은 조용한 길과 아늑한 장소가 있는 정원을 원할 것이고, 어떤 사람은 개방된 공간이 있는 멋들어진 정원을 원하는 사람도 있으니까요. 실제로 정원을 가꾸면서 많은 즐거움을 느끼는 친구도 있습니다. 정원을 가꾸는 것이 즐거움과 힐링이 되는 일상의 자원이 된 셈인데요. 어떤 사람에게는 처리할 수많은 일들 중에 하나일 수도 있습니다. 여러분은 어떤 정원을 원하시나요? 그리고 어떻게 느끼시나요?

정원을 새롭게 단장하기 전에 먼저 지저분한 것들을 정리하고 충분한 공간을 만들어야 합니다. 가장자리를 다듬고 잔디를 가지런히 정리해 주세요. 잡초를 뽑고 쓰레기를 버리는 것도 필요합니다. 정원 흙에 영양분을 더해줄 퇴비 더미를 쌓아두는 것도 좋습니다.

자생 식물이나 수확해서 먹을 수 있는 과일이나 채소, 관상용 꽃, 손이 덜 가는 다육식물 중 어떤 것을 심고 싶은가요? 혹시 정신없이 뛰어다니는 강아지나 에너지가 넘치고 호기심이 가득한 꼬마 아이를 견뎌낼 수 있는 튼튼한 정원을 원하시나요? 예쁜 정원을 보며 즐기고 싶은지, 초록 식물을 보며 눈을 즐겁게 하고 싶은지 정확히 결정해야 합니다.

정원을 가꾸는데 얼마나 많은 시간을 투자할 수 있습니까? 그 시간에 따라서 식물의 종이 결정되고 공간을 디자인할 수 있습니다. 가까운 꽃 가게에 들러서 어떤 종의 식물을 키우고 싶은지, 어떤 것이 적합할지 종이에 적어 보세요.

뒤뜰이 없는 집에 사는 경우라면 지역주민이 공동으로 관리하는 정원을 알아보는 것도 좋습니다. 사람들은 손으로 직접 흙을 만지고 '흙냄새'를 맡으며 살아갈 기회를 얻을 수 있는 것으로도 충분히 만족합니다. 공동 정원은 자연과 만날 수 있는 좋은 기회일 뿐만 아니라 이웃들과 소통할 수 있는 공간이 될 것입니다.

그 밖의 다른 도움이 필요할 경우, 정원 관리 원칙과 식물, 정원 관리에 대한 지식이 풍부한 조경관리사나 원예전문가의 조언을 구하는 것도 좋습니다.

★

어떤 정원을 만들면 당신과 가족들이 큰 즐거움을 느낄 수 있을까요?
정원을 행복한 공간으로 만들기 위해 반드시 필요한 요소는 무엇일까요?
만약 정원이 없는 집에 산다면 당신에게 실내 정원을 만드는 것이
얼마나 중요한 일인가요?

일터를 정돈하라

일의 세 가지 원칙
혼란을 피하고 단순함을 추구하라.
부조화를 피하고 조화를 추구하라.
역경 가운데 반드시 기회가 있다.

– 앨버트 아인슈타인

여러분의 일터는 그 일에 대한 여러분의 태도와 체계성을 한눈에 보여줍니다. 체계성을 갖추면 일터에서 받는 스트레스를 피할 수 있습니다. 저 같은 경우, 일이 너무 버겁다고 느껴질 때면 책상부터 깨끗하게 치웁니다. 그러면 당장 처리해야 하는 가장 중요한 일이 무엇인지 알게 되고 그것에 집중할 수 있게 되니까요.

일터를 잘 정리 정돈해 놓으면 주변 동료와 상사, 고객들에게 좋은 인상을 줄 수 있으며, 일에 대한 자세와 태도를 긍정적으로 전달할 수 있게 됩니다. 그런 습관들이 모여 다른 사람들보다 일을 더 잘 한다는 느낌을 주게 되면 주변의 인정을 더 많이 받게 되고 스스로도 고무되어 일의 성과가 더 좋아지게 됩니다.

여러분이 일하는 공간은 에너지가 넘치고 동기가 샘솟는 곳인가요? 머릿속으로 어떤 일터에서 일하고 싶은지 그려보고, 그런 곳에서 일을 하면 어떨지 생각해 보세요. 화분이나 과일 바구니, 사진, 꽃, 혹은 특별한 의미가 있는 아이템을 일터에 가져다 두면 어떨까요? 이를 통해 즐겁게 일할 수 있는 공간으로 재탄생할 수 있습니다. 찻주전자, 커피머신, 혹은 프렌치 프레스 기구와 각종 특이한 차가 든 캔을 직장에 가져다 놓으면 더욱 특별한 휴식을 만끽할 수 있겠죠. 사무실의 가구 구조를 살짝 바꿔보는 것도 좋습니다.

점점 온라인으로 일을 처리하는 시간이 길어짐에 따라서, 사이버 공간 상에서의 일처리 또한 체계성을 갖추는 습관이 필요합니다. 이메일을 처음부터 읽어내려 갈 때도 전략을 세워야 합니다. 작업을 더욱 쉽고 스트레스 없이 처리하기 위해 이메일을 분류하는 것도 좋은 방법입니다.

★

직장 내의 분위기를 어떤 식으로 만들고 싶은가요?
일을 효율적으로 하기 위해서 어떤 시스템이 필요합니까?
스트레스와 걱정거리를 줄이기 위해 어떤 것이 도움이 될까요?

• 나의 생활공간을 개선하기 위한 약속 •

지금 나의 생활공간에 대해 만족하는 부분 :

현재보다 개선된 작업 공간을 만들기 위한 나의 목표 :

과거에 작업 공간이 마음에 들었던 점 :

그 외에 나를 지지하고 응원해 줄 수 있는 것 :

나의 자신감을 극대화하기 위한 방법 :

다음으로 도전할 단계 :

Domain 4

건강과 웰빙을 위해 힘써라

너무 부족하지도 너무 과하지도 않은 적당한 영양소와 운동은
건강에 이르는 가장 안전한 길이다.

– 히포크라테스

단순히 질병이 없다고 해서 건강한 몸이라고 단정 지을 수 없습니다. 건강이라 함은 정신적으로 육체적으로 또 감정적으로 온전한 상태를 뜻하며 더욱 발전할 수 있는 상태를 뜻합니다. 건강하다는 것은 기분이 상쾌하고 모든 신체기능이 원만히 돌아가는 것을 의미합니다.

모든 사람들이 건강한 삶을 살기 바라지만 현대인의 삶은 다양한 걱정거리들로 넘쳐나고 있습니다. 사회는 복잡해지고 많은 부분 빠른 변화와 개선을 요구하고 있습니다. 신선한 야채나 과일보다 간편한 인스턴트음식을 먹고 충분한 운동을 하지 않습니다. 비만 인구가 늘고 그와 동시에 식이장애, 생활습관병으로 고생하는 사람이 늘고 있습니다.

건강하다는 것은 육체와 정신 모두가 건강해 회복력이 있다는 것을 의미하는데 사회는 점점 더 많은 절망과 불안을 느끼도록 해 마약이나 알코올 중독 같은 폐해를 낳고 있습니다. 정신건강의 문제가 발생하면 가족 중 3분의 1이 그로 인한 영향을 받게 됩니다. 슬프게도 매 40초마다 전 세계에서 스스로 목숨을 끊는 사람들이 발생하고 있다고 합니다.

정신건강의 문제를 겪는 성인들을 보면 대부분 십대 시절 처음 질환을 경험을 하게 됩니다. 원인으로는 적은 소득, 법적인 분쟁, 부모가 되는 것으

로 인한 갈등, 신체적 질병, 낮은 교육수준 등으로 다양하게 나타납니다. 안타깝게도 자살은 젊은이들의 사망 원인 1위를 차지하고 있습니다.

하지만 희망을 가져야 할 이유 또한 많습니다. 불안이나 절망으로 인한 증세는 얼마든지 치료가 가능합니다.(안타까운 것은 실제 주변의 도움을 구하는 사람은 4분의 1 정도 밖에 되지 않는다는 점입니다) 또한 정신적 질환에 대한 이해도 높아지고 있습니다. 자살 역시 얼마든지 예방이 가능합니다. 그리고 더욱 좋은 뉴스는 그러한 문제를 예방하기 위해 정신적인 건강을 홍보할 수 있다는 것입니다.

여러분의 건강은 생활방식과 주변의 환경에 의해 영향을 받습니다. 질병을 의사들이 나서서 치료하는 것에 맡기지 않고 개인 스스로가 건강한 삶에 관심을 가진다면 누구나 건강한 삶을 누릴 수 있습니다.

심장병이나 암 같은 만성질환의 주요한 원인은 알코올 섭취, 흡연, 비만 그리고 야채와 과일 섭취부족과 운동부족이라고 합니다.

긴급한 상황이 발생할 때까지 넋 놓고 기다려서는 안 됩니다. 여러분의 생활방식은 스스로 조절할 수 있으니까요. 대부분의 질환이 충분히 예방 가능한 것들입니다. 우리는 정신적·육체적인 힘을 키우고 면역력을 높임으로써 질병이 생기지 않도록 애써야 합니다. 매사 건강에 신경을 쓰다 보면 정신적·육체적 문제를 빨리 인지하게 되고 질병을 조기에 발견할 수 있게 됩니다.

몸과 마음이 건강해질수록 우리의 행복지수도 높아지게 마련입니다. 아프지 않아서 기분이 좋은 것을 넘어서 더 많은 일을 더 잘 해낼 수 있으니까요. 연구에 따르면 행복과 건강, 그리고 기대수명 사이에는 밀접한 연관성이 있다고 합니다. 간단히 말하면, 건강은 행복과 직결되어 있고 행복 또한 건강에 영향을 미친다는 것입니다.

★

일상 속에서 어떤 건강한 습관을 실행하고 있나요?

건강한 일상은 당신에게 어떤 의미를 줍니까?

건강을 위한 행동을 일상에 어떤 방식으로 접목시킬 수 있을까요?

배우자나 가족들은 당신의 건강을 위해서 어떤 권유를 합니까?

• Creative Challenge •

여러분을 위한 건강한 생활방식을 그림으로 그려보세요. 건강이 여러분에게 어떤 의미를 주는지 생각해보고, 요즘 건강을 위해 하는 일은 무엇인지 앞으로 어떤 부분에서 더욱 노력을 해야 할지 생각해 봅니다.

건강함이란 정신적, 육체적, 감정적으로
온전한 상태를 뜻하며
더욱 발전할 수 있는 상태이다.

실패를 딛고 일어서라

행복은 노력을 필요로 하는 하나의 선택이다.
– 아이스킬로스

어느 누구도 100퍼센트 행복하다고 말하지 못합니다. 만약 그런 사람이 있다면 정신의학적인 진단이 필요할 겁니다. 조지 버나드 쇼는 이렇게 말했습니다.

"평생의 행복! 살아 있는 그 누구도 그런 삶을 견딜 수 없다. 그건 지상의 지옥이 될 것이다."

부정적인 감정이 그 자체로 나쁜 것이 아닙니다. 중요한 것은 우리가 그 감정을 어떻게 느끼고 어떻게 행동하는가 하는 점입니다. 행복은 진정한 삶을 사는 것이며, 그 속에서 수많은 감정을 느끼게 됩니다. 칼 융은 "행복이라는 단어도 슬픔과 균형을 이루지 못하면, 그 의미를 잃게 된다." 고 말했습니다. 결국 하루하루 더욱 행복해질 수 있는 생활방식을 만들고자 하는 것이지, 일 년 365일 행복을 느끼려고 하는 것은 아닐 겁니다.

우울하거나 슬픈 일은 누구에게나 일어나지만 그런 감정이 오래 지속되지는 않습니다. 때때로 슬픔을 느끼는 것은 자연스럽고 일반적인 현상입니다. 그로부터 몇 시간, 혹은 며칠이 지나고 나면 먹구름은 걷히게 마련이고 우리 삶은 다시 균형을 찾게 됩니다.

하지만 절망의 경우는 조금 더 오래 머무는 편입니다. 절망이라는 감정은 어디선가 특정한 사건에 의해 촉발되는 편입니다. 예를 들어 사랑하는 이의 죽음은 남겨진 사람들에게 꽤 오랜 시간 큰 감정적 충격을 남기게 됩니다. 그런 감정이 들더라도 부끄러워하거나 죄의식을 느끼지 않는 것이 중요합니다. 절망은 자신이 나약하거나 실패로 인해 생기는 감정이 아니니까요. 그러한 감정들이 계속 여러분 곁에 머물러 떠나려 하지 않더라도, 분명 그들에게 작별을 고할 방법은 존재할 것입니다.

만약 절망의 늪에 빠졌다면, 성공 여부에 개의치 말고 건강해지기 위한 아주 작은 것이라도 시작하려고 노력해야 합니다. 매일 산책을 하고, 다른 사람들과 대화를 하고, 아침 일찍 침대에서 일어나 아침 햇살을 받으며 상쾌한 아침을 맞이하도록 노력해 보세요. 뭔가 즐거운 일을 찾아 하루를 계획하고 어떻게 하면 더 즐거운 시간을 보낼 수 있을지 고민해 보세요. 정신을 집중하고 그 순간에 최선을 다하면 많은 도움이 됩니다. 아무리 소소한 일이라고 해도 긍정적으로 생각하려고 노력하세요.

무엇보다 중요한 것은 힘들면 다른 사람에게 도움을 청해도 된다는 것입니다. 의사를 찾아가서 조언을 구하면 큰 변화를 만들어 낼 수 있습니다. 친구들, 가족들 그리고 주변 이웃들과 계속 관계를 유지하려고 애써야 합니다. 아무리 괴로운 일도 언젠가 지나가기 마련입니다.

★

힘든 시기를 겪었을 때, 주변 친구들과 가족들을 통해서
무엇이 가장 중요한지 깨달은 점이 있습니까?
누가 가장 도움이 됐나요?
혼자라는 생각이 들지 않도록 도와준 사람이 있습니까?
하루 일과 중에서 가장 큰 즐거움을 주는 것은 무엇입니까?
무엇이 어려움을 털고 일어서는 데 가장 도움이 되었나요?

역경을 이겨내라

너는 네가 생각하는 것보다 용감하고 보기보다 강하고, 생각보다 똑똑해.
– A.A. 밀른 _곰돌이 푸우 중에서

인간이 가진 회복력을 볼 때면 정말 놀랍다는 생각이 들 때가 있습니다. 힘든 시간을 경험하고 나서도 다시 사람들과 어울리고 몸과 마음을 추슬러 원래의 삶으로 되돌아가기 위해 노력하는 힘을 '회복력'이라고 말합니다.

회복력은 여러분 마음에서 우러나와서 평생 삶을 지탱할 수 있는 힘을 주고 어려운 문제를 해결하고 이를 참고 견딜 인내심을 가지도록 해줍니다. 또한 다른 사람들과 끝없이 관계를 맺을 수 있도록 하는 힘을 주기도 합니다. 이러한 회복력은 외부의 힘을 통해 단단해지기도 하는데 주로 사회적 지원이나 공동체에 소속되어 있음을 느낄 때 그렇습니다. 이러한 회복력은 누구에게나 존재하며 삶의 기로에서 훌훌 털고 일어날 때만 사용되는 것이 아니라 매일 계속되는 일상에서도 빈번히 사용됩니다.

목숨이 걸린 문제에 직면하게 될 경우, 우리는 더욱 힘들다고 느끼고 그런 경우에는 일이 뜻대로 이뤄지지 않게 마련입니다. 누구나 역경을 경험하게 되며, 그럴 때마다 행복이라는 감정이 오락가락하게 됩니다. 생사의 문제도 누구나 겪을 수 있는 일입니다. 갑자기 죽음에 직면하기도 하고 사고를 당하거나 사랑하는 사람을 잃기도 합니다. 그래서 우리는 최대한 힘을 내서 그러한 역경에 맞서는 법을 배워야 하는 것입니다.

아주 큰 어려움, 작건 크건 생사를 갈라야 했던 경험들을 떠올려 보세요. 어떻게 그 어려움을 이겨냈습니까? 무엇이 도움이 됐나요?

전혀 예상치 못한 문제에 부딪혔을 때, 가장 효율적인 전략은 그 문제가 없었다면 미래가 어땠을지를 머릿속에 그려보는 것입니다. 잠시 시간을 가지고 생각해 보세요. 어떤 점이 달라졌나요? 그 문제가 해결되었다는 것을 어떻게 감지할 수 있을까요? 그때 기분이 어떨 것 같습니까? 그리고 머릿속에 그렸던 그림을 현실로 만들기 위해 한 걸음을 내디뎌 보세요. 지금 가장 중요한 것은 눈앞의 문제를 해결하는 것이라는 점을 잊어서는 안 됩니다. 이 문제가 해결되고 나면 어떻게 축하를 할 예정인가요?

때로는 여러분의 환경을 바꿀 수 없는 경우에 직면하기도 합니다. 내 힘으로 바꿀 수 없다면 있는 그대로 받아들이는 것도 현명한 방법입니다. 정말 내 힘으로는 어찌할 도리가 없다면, 생각을 달리해 보는 것도 나쁘지 않겠죠. 삶을 좌우하는 역경 속에서 기회를 포착해야 합니다. 많은 사람들이 비극적인 상황 속에서도 더욱 단단해지고 중심을 잡고 다른 사람들과 끈끈한 관계를 이어가고 있으니까요. 그런 과정 속에서 더욱 행복해지는 사람도 있습니다.

★

당신이 현명하게 대처하고 있다는 것을 어떻게 알 수 있나요?

그 역경을 헤쳐 나가는데 도움이 될 만한 힘과 자원을 가지고 있습니까?

이 문제가 해결된다면 어떤 변화가 생길까요?

그런 변화를 가능하게 했던 자신의 능력에 대해 어떻게 설명할 생각입니까?

잘 먹어라

"우리가 먹는 음식은 우리 자신과 같다"라는 말이 옳다면, 건강하고 적절한 양의 색감도 다양하면서 신선하고 맛있는 음식을 찾으려고 애써야 할 것입니다.

나의 몸을 소중하게 여긴다는 기분을 즐겨보세요. 우울한 얼굴로 셀러리를 우걱우걱 씹지 말고 건강해진다는 긍정적인 기분을 즐기려고 애써보는 것이 어떨까요? 음식을 반항의 수단이나 벌을 받는 것이라 생각하지 말고 진심으로 즐기면서 음식을 먹는 것부터 시작해 봅시다. 평소 잘 먹지도 않던 '영양가 없는 음식'을 먹으면서 괜히 반항하는 기분을 느낀 적이 자주 있는 편인가요? 우리 몸이 진정 원하고 바라는 것이 무엇인지 귀 기울이기 시작하면, 식이요법이 자기 존중의 내적인 부분이라는 점을 깨닫게 될 것입니다.

내가 먹는 음식에 대해 자세히 알고 싶다면, 음식 포장지 위에 적힌 상표를 자세히 읽어보고 총 열량과 지방, 그리고 염분량을 확인해 보세요. 세계보건기구에서는 인체 무익한 지방의 섭취량을 제한하고 있습니다.(포화지방을 불포화지방으로 대체하고 트랜스지방 섭취를 줄여야 한다고 조언합니다) 또한 설탕과 소금의 섭취를 낮추고 대신 과일과 야채, 콩류와 곡류 그리고 견과류 섭취할 것을 권장하고 있습니다.

때로는 음식이 주는 즐거움이 단지 먹는 것에 국한되지 않고, 자신이 만들 때의 성취감과 그 완성된 요리를 상대가 맛있다고 인정하고 칭찬해 줄 때 오기도 합니다. 신선한 재료를 가지고 새로운 요리와 음식들을 만들어 보면 엄청난 즐거움을 느낄 수 있습니다. 신선한 허브와 마늘, 그리고 발사믹 식초로 만든 새로운 맛에 도전해 보세요. 전통 요리법을 이용하면 훨씬 더 건강한 음식을 만들 수 있습니다.

건강한 아침식사는 여러분의 하루 신진대사를 책임질 소중한 양식입니다. 하루 섭취 권장량에 해당하는 과일과 야채를 섭취하세요(보통 권장량 이하가 아니라 이상을 섭취하라는 뜻입니다!). 저녁 대신 채소 수프를 먹으면 겨울철에는 몸을 데워줄 따뜻한 양식이 되고 야채 섭취량을 높일 수 있는 쉬운 방법입니다. 여름철 신선한 샐러드 역시 마찬가지입니다. 유럽의 코스 요리에서 맨 처음 샐러드를 내오는데 그들의 식단에서 배울 점이 있습니다.

자극적인 맛의 유혹을 억누르고 집에서는 되도록 정크 푸드를 섭취하지 않도록 하세요. 우리 모두 음식 앞에 나약해지는 순간을 마주할 수 있습니다. 그러나 가급적 해로운 음식의 피해를 줄이기 위해 노력해야 합니다. 과일이나 저칼로리 수프, 견과류 한줌, 곡류 비스킷이나 열로 가열한 팝콘 같은 건강한 간식으로 대신하고 집과 직장의 손닿을 곳에 준비해 두면 좋습니다.

한 끼 식사의 적정량을 정해두고 지키려고 노력해 보세요. 뷔페식보다는 일정한 양을 접시에 담아 식사를 하면 식사량 조절에 도움이 됩니다. 음식을 먹는 동안 책을 보거나 TV를 시청하지 말고, 각각의 음식 맛을 음미하며 천천히 식사를 하는 것이 중요합니다.

밖에서 외식을 하거나 간단히 음식을 사가지고 먹어야 할 때는 가능한 건강 식단으로 고르세요. 건강식인지 확인하기 힘든 경우, 음식을 조리하는 방법을 물어보면 됩니다. 기름에 튀긴 음식 대신 그릴에 구운 음식을 먹고 싶다는 생각을 여러 번 하지 않으셨나요? 메인 요리가 별로 마음에 들지 않으면 앙트레(편집자 주: 서양요리의 정찬에서 식단의 중심이 되는 요리로 주로 조수(鳥獸)의 고기를 사용하며 채소를 곁들인 요리)와 사이드 디쉬(편집자 주: 주요리에 곁들이는 요리)로 식사를 대신하는 것도 좋습니다. 디저트는 되도록 나눠 먹습니다. 그러면 더욱 재미있는 식사가 되고 음식을 통해 섭취하게 되는 에너지도 절반으로 줄일 수 있을 테니까요.

★

당신이 섭취하는 음식이 인생에 어떤 즐거움을 주나요?
다른 사람들과 음식을 나눠 먹을 때, 언제 가장 즐겁습니까?
더욱 건강해지기 위해서 하루 식단을 어떤 식으로 바꾸는 것이 좋겠습니까?
시장을 보러 갔을 때, 어떤 점을 염두에 두는 것이 중요할까요?

• *Inspiring Idea* •

온몸의 감각을 자극하고 음식을 즐길 수 있는 식단을 준비해 보세요.
누구와 함께 식사를 하고 싶은가요? 어떤 음식을 대접하고 싶죠?
저녁 식사를 더욱 특별하게 만들기 위해 무엇을 추가로 준비하면 좋겠습니까?

충분한 물을 섭취하라

만약 이 세상에 마법이 존재한다면 분명 물속에 있을 것이다.

– 로렌 아이슬리

모델들에게 아름다움을 유지하는 비법을 물으면, 열에 아홉은 이렇게 답합니다. "물을 충분히 마십니다." 수분 섭취는 체중 조절에 도움이 될 뿐만 아니라 피부를 부드럽고 윤기 있게 가꾸는 데도 도움이 됩니다.

성인의 경우 하루 8컵, 즉 2리터의 물을 섭취해야 합니다. 아이들의 경우 4컵, 즉 1리터의 물을 섭취해야 하죠. 계절과 기후에 따라서, 필요한 수분의 양도 달라집니다. 카페인이나 알코올의 경우는 수분 섭취량에 포함되지 않는다는 점을 잊지 마세요.

어린 아이들의 과체중 문제의 가장 큰 주범이 바로 설탕이 든 음료수인 경우가 많습니다. 대부분 사람들은 탄산음료 한 컵에 티스푼으로 설탕 10스푼, 혹은 그 이상이 들어간다는 사실을 인지하지 못합니다. 물론 다른 영양소는 전혀 찾아볼 수가 없죠! 여러분이라면 커피나 차를 마실 때, 설탕 10스푼을 넣을 수 있겠습니까?

자녀를 키우는 부모님이라면, 하루에 일정한 양의 물을 마시면서 스스로 본보기를 보여주는 것이 좋습니다. 언제든 편하게 꺼내 마실 수 있도록 항상 냉장고에 물을 준비해두고, 식사 때는 반드시 물을 내놓고, 학교에 갈 때도 물병을 챙겨주세요. 얼음을 넣거나 빨대를 꽂거나 오렌지나라임 조각을 넣어주면, 아이들이 더욱 재미있어하면서 물을 마실 수 있습니다. 외출하기 전에 물 마시는 것을 습관화하세요.

아이들의 경우, 영양소가 풍부한 칼슘과 프로틴이 함유된 우유를 섭취하는 것이 매우 중요합니다. 고학년인 경우, 저지방 우유를 마시는 것이 좋습니다. 2세 이하의 유아인 경우에는 에너지가 더 많이 필요하기 때문에 생우유를 섭취하도록 해야 합니다.

대부분 과일주스에는 영양소만 있고 섬유질이 낮은 편입니다. 안타깝게도 똑같은 양의 과일을 섭취하는 것보다 훨씬 이점이 낮다고 볼 수 있습니다. 시판되는 과일주스는 거의 칼로리가 높고 당 함유량이 높아서 탄산음료와 별반 다를 것이 없습니다. 그러니 가능한 시판 과일주스는 섭취를 줄이는 것이 좋습니다.

매일 일정한 양의 물을 섭취하는 것은 아이들에게 좋은 본보기가 될 뿐만 아니라 체중을 조절하는 데 도움을 주고 안색을 밝게 만들어 주는 데 일등공신입니다. 하루 여덟 잔의 물을 마시는 것이 버겁다면 새로운 일을 할 때마다 물을 마시는 것도 좋습니다. 싱크대 앞을 지날 때마다 물을 한 잔씩 마시는 거죠. 화장실에 갈 때도 물을 한 잔씩 마십니다. 그러면 크게 신경을 쓰지 않고도 하루 여덟 잔의 물을 마실 수 있게 됩니다.

★

하루 물 섭취량을 늘려야 하는 상황인가요?
그렇다면 어떤 식으로 하루 물 섭취를 늘릴 수 있을까요?
어떤 식으로 물 섭취를 생활화할 생각입니까?

운동을 시작하라

운동 부족은 모든 인간의 최상의 상태를 파괴한다.
반대로 적절한 움직임과 체계적인 신체 활동은
최상의 상태를 유지하고 보존할 수 있도록 해준다.
– 플라톤

일정하게 운동을 하는 사람들이 더 행복하다는 사실은 2천 년 전 플라톤은 이미 알고 있었고 최근 연구 결과에서도 확인한 바 있습니다. 운동은 기분을 상승시켜주고 행복지수를 높여줍니다. 전 세계 인구 중 40퍼센트에 해당하는 사람이 충분한 운동을 하지 않는 것으로 조사되었습니다.

규칙적인 신체 운동은 정신적인 웰빙을 가져다줄 뿐만 아니라 수많은 질병을 예방해 줍니다. 세계보건기구에서는 신체적 운동은 심혈관 질환의 위험과 암, 그리고 제2형 당뇨병을 줄이는 데 도움이 된다고 발표한 바 있습니다. 더불어 근골격계의 건강을 증진해주고 체중 조절을 돕고 우울증을 완화해줍니다.

TV나 컴퓨터 모니터 앞에 앉아서 시간을 보내는 것은 특히 아이들의 체중 문제를 야기할 수 있습니다. 아이들이나 청소년의 경우, 하루 2시간 이내로만 스크린 앞에 앉아 있는 것이 좋습니다. 아이들이 TV나 컴퓨터 앞에 앉아 있도록 하지 말고, 실내 혹은 실외 활동을 계획하여 움직일 수 있도록 해주세요.

그렇다면 하루 어느 정도 운동하는 것이 좋을까요? 개인적인 차이는 있지만 보통 하루 30분가량 적정한 강도로 운동하는 것이 이상적입니다. 15분 정도 시간이 소요되는 짧은 운동을 섞어가면서 여러 번 하는 것도 나쁘지 않습니다. 적정한 강도의 운동이라는 것은 노래를 부를 정도는 아니라도 편하게 대화를 할 수 있을 정도로 움직이는 것을 의미합니다. 그 다음 단계로 올라가고 싶으면, 더 격렬하고 규칙적인 운동 계획을 통해 건강과 신체 단련을 할 수 있습니다.

일기장에 운동 계획을 적어두세요. 일주일에 몇 회 정도, 수영장 혹은 체육관, 아니면 요가나 테니스를 하러 갈지 정해 두는 겁니다. 뭐든 자신이 즐거운 운동이면 됩니다. 병원 예약이나 미팅 약속처럼 스케줄을 미리 잡아두면 좋습니다. 1장 40쪽 표를 활용하면 일주일 계획을 정리하는 데 도움이 됩니다.

★

최근 당신의 스케줄에 적합한 운동은 무엇입니까?
예전에는 어떤 운동을 했나요?
운동을 통해서 행복지수가 높아졌습니까?

최대한 움직여라

드넓게 펼쳐진 하늘 아래 상쾌한 공기를 마시며 하는 운동은
몸과 영혼을 위한 최고의 명약이다.

– 사라 루이스 아놀드

목적의식을 두고 운동을 하고 싶거나 일상생활의 일부로 만들고 싶다면 규칙적으로 움직이는 것이 좋습니다. 짧은 거리를 이동해야 한다면 차보다는 걷는 것으로 운동을 할 수 있는 기회를 챙기세요. 이런 태도는 생활이 빡빡하거나 따로 운동을 할 시간을 내기가 버겁다고 생각되는 분들에게 필요합니다.

직장에서도 엘리베이터를 타는 대신 계단을 이용하고 점심시간에는 짬을 내서 산책을 즐겨보세요. 직장 생활의 스트레스를 날리고 친구와 함께 시간을 보낼 수 있는 좋은 기회가 될 겁니다.

여행 시간 역시 일상에서 운동을 즐길 수 있는 좋은 기회가 됩니다. 여러분이 선호하는 것에 따라서 걷거나 자전거를 타보세요. 기차나 버스를 타야 한다면 한 정거장 먼저 내려서 나머지는 걸어가 보세요. 출근 전이나 퇴근 후에 산책을 즐기는 것은 어떨까요? 일을 시작하기 전이나 끝낸 후, 직장 동료나 아이와 함께 밀린 이야기를 나눌 수 있는 좋은 기회로 활용할 수 있습니다.

아이들과 함께 걸어서 학교까지 데려다 주는 것은 어떨까요? 아이에게 걷는 것의 즐거움을 느낄 수 있게 해주고 더불어 건강한 습관을 길러

줄 수 있습니다. 만나는 친구들과 어른들과 인사하고 소통하는 법을 가르쳐줄 수 있다면 더욱 유익할 것입니다. 함께 자녀와 걸으면서 자연스러운 대화를 나누는 것보다 즐거운 추억도 없을 겁니다.

나이와 신체적 능력을 막론하고 스포츠를 즐기는 것은 즐거운 운동 방법이 될 수 있습니다. 팀 스포츠를 즐기면 같은 취미를 가진 사람들과 만날 수 있고 더 넓은 분야의 친구들을 만들 수 있겠죠. 대부분 스포츠클럽에서 시즌 내내 친목 모임을 주관하고 있습니다.

요가나 필라테스도 몸의 유연성과 힘을 기르고 정신적인 평온과 평정심을 유지하는 데 도움이 됩니다. 다른 스포츠나 격렬한 운동과도 환상적인 궁합을 자랑한다고 하죠. 요가 애호가들은 요가를 하면 스트레스를 줄일 수 있고 마음을 진정시키는 효과가 있다고 말합니다. 필라테스는 호흡을 가다듬고 근력을 강화하는 동작을 하며 온몸을 스트레칭하고 균형 감각과 자세를 곧게 하는 데 도움이 됩니다. 요가와 비슷해 보이지만 매 동작을 반복하면서 동작에 더욱 집중하는 편입니다. 필라테스는 배 근육과 엉덩이와 둔부 그리고 등 아랫부분의 힘을 기르는 것이 그 목적입니다. 물론 균형 감각과 바른 자세, 그리고 유연성에도 큰 도움이 됩니다.

여러분의 흥미를 자극하는 운동을 찾아보세요. 일정한 스케줄에 따라 운동해야 하나요? 그룹을 만들어 하는 운동인가요, 아니면 트레이너와 함께 하는 운동인가요? 일정한 스케줄에 따라서 운동을 하거나 친구 혹은 가족과 함께 운동을 하면 중도에 포기하거나 빼먹는 것을 예방할 수 있습니다. 여러분의 동기를 강화하고 흥미를 주고 즐길 수 있는 운동이 무엇인지 찾아서, 그 성공치를 극대화하세요. 목표 성취에 집중하는 편이라면 도전 과제를 정하세요. 집 근처를 즐기면서 달리는 것도 좋은 방법 중에 하나입니다. 댄스를 배우거나 줌바(편집자 주: 라틴 음악에 맞춰 춤을 추는 신개념 운동) 클래스에 가입하는 것도 얼굴에 미소를 띠게 해주고 온몸을 살아 숨 쉬게 만드는 데 도움이 되지 않을까요? 어떤 운동을 선택하던 끝까지 최선을 다하세요!

★

운동을 할 때 무엇을 통해 동기부여를 받는 편인가요?
어떤 종류의 운동이나 신체적인 활동을 선호합니까?
그중에서 어떤 것을 시도해보고 싶은가요?

스포츠는 스트레스를 줄여주고
마음을 진정시키고 몸의 균형감과
유연성을 길러준다.

알코올 섭취를 줄여라

마티니 한 잔은 좋다. 두 잔은 너무 많지만 세 잔은 부족하다.
- 제임스 서버

인생의 큰 즐거움 중 하나로 술이 있다는 것을 의심하는 사람은 없습니다. 친구와 함께 즐기는 와인이나 맥주 한 잔은 일상을 마무리하고 큰이벤트를 축하하는데 더할 나위 없이 좋은 방법입니다. 하지만 우리는 알코올을 지나치게 많이 섭취했을 때 어떤 기분이 드는지 잘 알고 있습니다. 알코올을 즐기는 가장 좋은 방법은 건강과 행복에 나쁜 영향을 미치지 않는 선까지만 섭취하는 것입니다.

이런 생각을 하는 사람들도 있을 겁니다. '난 알코올 중독자가 아니니까 괜찮아.' 유해할 정도로 술을 마시면 알코올 중독자가 되는 것보다 더심각한 수많은 건강 문제를 야기할 수 있습니다. 알코올은 심혈관 질환과 간경변증 그리고 온갖 암을 유발하는 장본인입니다. 또한 알코올은 면역체계를 약화시켜 전염성 질환에 쉽게 노출될 수 있습니다. 알코올은 의도하건 그렇지 않건 다양한 해악을 불러오는데, 음주 운전사고나폭력 혹은 자살 같은 것들이 바로 그 예입니다.

특히 술을 과도하게 마시거나 폭음을 하는 것은 우리의 건강과 행복을위협하는 주범입니다. 여성의 경우 200밀리미터, 즉 두 잔 정도의 술을마시는 것이 적당하고, 남성의 경우 네 잔까지 가능합니다. 또한 일주일에 최소 하루에서 이틀 정도는 쉬어주는 것이 좋습니다. 파티가 있거나 특별한 모임이 있는 날에는 한 자리에서 다섯 잔 이상을 마시지 않아야 합니다.

양을 정해놓고 술을 마시는 것은 운전을 해야 하는 경우에 매우 중요합니다. 자신의 키, 몸무게, 체력, 간 기능 그리고 여성인지 남성인지에 따라서 혈액 내 알코올 지수가 영향을 받으며, 체내에서 알코올이 분해되는 비율까지도 좌우합니다. 심지어 어떤 약의 경우에는 알코올의 효과를 가중시킬 수 있어 약을 복용하는 경우 특별히 조심해야 합니다.

모임이 있다면, 먼저 술을 몇 잔이나 마실 건지 정해두세요. 알코올이 적게 함유된 술을 마시거나 소다처럼 얼음에 갈아서 도수를 묽게 만들어 보세요. 도수가 낮거나 거의 없는 술에 달콤한 과일 칵테일을 섞어서 새롭게 마셔보는 것도 좋습니다. 술을 마시기 전에 무알코올 음료를 먼저 마시고, 술을 마시는 중간에도 무알코올 음료를 섭취합니다. 여러분도 따로 물을 달라고 말하지 않아도, 물 한 잔을 주면 아무 말 없이 잘 마시는 사람들을 본 적이 있으시겠죠?

평소 술을 많이 마시는 편이거나 술 때문에 일상생활에 지장이 있다면 적극적으로 행동할 시간이 된 것입니다. 앞으로는 무알코올 음료를 마실지 아니면 안전한 수치까지만 마실지 결정하세요. 둘 중 어떤 것이 더욱 긍정적인 결과를 가져올 것 같습니까? 더 좋은 결과가 기대되는 쪽으로 언제든 방법을 전환할 수 있습니다. 약물 및 알코올 중독 전문가를 만나거나, 심리상담사 혹은 사회복지사를 만나보는 것도 좋고 의사와 상담하거나 전화 상담서비스를 받아도 좋습니다.

★

주변 친지들이나 친구, 의사나 건강상담사, 혹은 동료들이
당신의 알코올 섭취에 대해 어떤 조언을 합니까?
평소 마시는 술의 양을 줄이고 싶거나 완전히 끊고 싶은가요?
만약 술 마시는 양을 줄이고 싶다면 정확한 목표는 무엇입니까?
어떤 전략으로 동기를 강화할 생각인가요?
어떤 식으로 알코올 감량을 위해 스스로를 고무시킬 생각입니까?

알코올을 즐기는 가장 좋은 방법은
건강과 행복에 나쁜 영향을 미치지 않는
선까지만 섭취하는 것이다.

건강을 위해 금연하라

담배를 끊는 것은 세상에서 가장 쉬운 일이다.
나도 천 번 이상 담배를 끊어봤다.

- 마크 트웨인

건강을 위해 여러분이 할 수 있는 가장 훌륭한 일이 담배를 끊는 것이라고 단언할 수 있습니다. 담배 한 개를 피우면 11분의 수명이 단축된다고 합니다. 합쳐서 담배를 피우면 대략 10년 정도의 수명이 단축된다고 하니 결혼을 해서 아이를 낳고 그 아이의 아이, 즉 손자를 보느냐 마느냐가 어찌 보면 담배를 피우는 여부에 달려있습니다.

담배를 끊는 것은 매우 힘든 일이기 때문에 가능한 모든 지원을 받는 것이 좋습니다. 제일 먼저 해야 할 것은 왜 담배를 끊어야 하는지에 대한 이유를 분명히 하는 것입니다. 그리고 담배를 끊음으로써 얻을 수 있는 것들에 집중하는 것으로 강력한 동기를 만들어 보세요. 건강이 악화되어서, 혹은 새로운 반려자를 만나고 싶어서, 혹은 오래오래 살아서 손자의 얼굴을 보고 싶어서 담배를 끊고 싶은 분들도 계실 겁니다.

나중에 끊게 될 거라는 안이한 마음을 가지고 금연을 차일피일 미루지는 마세요. 예전에 금연을 시도한 적이 있었다면, 당시 가장 도움이 되었던 방법과 그렇지 않은 방법을 잘 알고 있을 겁니다. 전보다 더욱 강력한 계획을 세워 금연을 시작하세요.

다음으로 금연 패치나 금연 도우미와 같은 도움을 받을 수도 있습니다. 이미 금연에 성공한 친구의 도움을 받거나, 금연을 계획 중인 친구와 함께 시도해 보는 것도 좋습니다. 가장 중요한 것은 금연하고자 하는 날짜를 정해서 끝까지 실행에 옮기는 것입니다.

이제 계획을 실천할 차례입니다. 평소 담배를 피웠던 사람이라면 담배 생각이 절실한 상황에 처하게 되는 것도 당연한 일입니다. 그러한 절실함을 떨치기 위해서 과감하게 욕구를 억누르는 것이 필수적인 과정입니다. 그렇게 반복해서 의지를 다질수록 그 의지는 더욱 강해질 것입니다. 간혹 금연에서 실패하는 경우가 있다 하더라도 다시 흡연 습관으로 되돌아갈 필요는 없습니다. 위험한 시간대나 상황에 처하지 않도록 노력하고 어느 정도 감당할 수 있는 현실적인 계획을 준비하세요.

다음 단계는 담배로부터 작별한 일상생활을 즐기고 그 가치를 만끽하는 것입니다. 이제 여러분은 비흡연자가 되었다고 생각하는 거죠. 본인 등을 두드리며 마음껏 격려해 주세요!

★

비흡연자가 되면 어떤 점이 가장 이로울까요?
담배를 끊게 된 동기를 어떤 식으로 스스로에게 상기시킬 생각입니까?
담배를 피울 수도 있는 위험한 상황에 대비해서 어떤 준비가 필요할까요?
'딱 한 개만'이라는 악마의 속삭임이 들려오면 어떻게 대처할 생각입니까?
당시에 도움이 되었던 방법을 금연 계획에도 활용할 수 있을까요?
담배의 유혹을 이겨낼 때마다 어떤 식으로 자축할 건가요?

약물 중독을 경계하라

머릿속을 깨끗이 하라.
머릿속에 구름이 끼어 있으면 길이 아무리 밝아도 보지 못한다.

– 작자 미상

약물 사용과 행복 사이에는 복잡한 연관성이 있습니다. 일종의 기분이 좋아지는 효과를 위해 많은 사람들이 처음 마약에 손을 댑니다. 각성 작용과 사교성 증진 그리고 불안과 걱정을 감소시켜줄 거라 기대하면서 말입니다. 처음에는 약물을 통해 행복지수를 높일 수 있을 거라고 생각할 수도 있습니다.

많은 젊은이들이 그저 젊은 시절의 호기로 장난 반 호기심 반으로 마약에 손을 대기 시작합니다. 문제는 그 약물에 대한 호기 어린 시도가 약물로 인한 해악과 위험의 가능성을 전혀 인지하지 못한다는 사실입니다. 약물은 여러분의 행복에 부정적인 타격을 미치게 마련입니다. 가령 대마초를 피우면 그로 인한 의존성이 높아지고 심하면 교통사고의 위험까지 증가시킬 수 있습니다. 게다가 호흡 기능이 손상되는 것은 물론이고 심혈관 질환과 정신 건강의 문제까지도 야기할 수 있습니다.

약물은 금전 문제나 법적인 문제 등 인간관계에도 영향을 끼치며 업무 능력에도 영향을 끼쳐 직장 일을 제대로 수행하지 못하도록 합니다. 약물 사용과 정신 건강의 문제도 분명히 연관성이 있습니다. 만약 가족 중에 정신 병력이 있는 사람이 있을 경우, 약물 사용으로 정신병이 더욱 심화될 우려가 발생합니다.

약물 사용을 선택하는 경우, 그로 인한 해악을 대수롭지 않게 생각하는 것이 가장 큰 문제입니다. 가능한 많은 사람들이 안전해야 한다는 사실을 젊은이들에게 주지시키세요. 주변에 약물을 사용하는 친구가 있으면 각별한 관심을 기울여야 한다고 교육시켜야 합니다. 수분을 충분히 공급하고 약으로 인한 영향력이 완전히 사라질 때까지 주변에서 친구들이 돌봐주는 것이 중요합니다. 약물 때문에 정신을 잃거나 도움이 필요할 경우, 곧바로 앰뷸런스를 불러야 합니다. 구급대원들은 약물 남용으로 인한 환자가 발생했다는 것을 경찰에 신고할 의무가 없으니까요.

각종 약물에 따른 효과를 알아보고 그 약물들이 육체적으로 또 정신적으로 어떤 작용을 하는지 숙지하는 것도 현명한 자세입니다. 특히 약물을 알코올과 같이 섭취했을 경우, 그 결과는 치명적일 수 있습니다. 약물은 절대로 마음대로 혼합해서는 안 됩니다. 한 번에 하나씩 최소한의 양을 섭취하고 어떤 약물의 경우에는 그 효과가 뒤늦게 나타날 수 있음을 숙지하세요. 혹여 급박한 상황이나 예기치 못한 반응이 일어날 것에 대비해서, 어디서 누구와 함께 있을지도 생각해 두어야 합니다. 긴급한 상황에 대비해서 미리 아이들을 부탁할 사람을 찾아두면 안전하게 필요한 보호를 받을 수 있습니다.

십대 청소년을 자녀로 둔 부모님들이라면 예기치 못한 위험에 대처하는 법과 자기 몸을 안전하게 지킬 수 있는 방법에 대해 미리 가르치는 것이 좋습니다. 무엇보다 중요한 것은 실례를 들어 설명하는 것입니다.

장난삼아 약물에 손을 댔거나 약을 먹고 그로 인한 해악이 걱정되는 경우, 혹은 가족 중에서 약물로 인해 고통 받은 사람이 있는 경우, 잠시도 주저하지 말고 도움을 청하세요. 의사를 찾아가거나 전화로 의약전문정보를 확인하여 주변의 도움을 통해서 삶을 바꾸어 보세요.

★

주변에 가까운 누군가 약물에 손을 대고 있다면 어떤 식으로
도움을 줄 수 있을까요?
만약 약물에 손을 대고 나면 친구나 가족, 그리고 인간관계에
어떤 영향을 미칠까요?

마약으로 인한 해악과
위험성의 정도를
모른 채 많은 젊은이들이
호기 어린 손을 댄다.

중독적인 습관을 버려라

딜러의 돈을 훔치지 않는 이상
룰렛 테이블에서 돈을 딴다는 것은 불가능하다.
- 아인슈타인

약물 이외에도 중독을 야기하는 것들은 셀 수 없이 많습니다. 그중 어떤 것은 피해를 주지만 그렇지 않은 것들도 있습니다. 중독 습관에 운동도 포함됩니다. 그로 인한 해악이 시작되기 전까지는 운동 중독은 보통은 문제가 되지 않습니다. 컴퓨터 게임이나 컴퓨터 앞에 오래 앉아 있는 습관도 여러분의 삶을 방해할 수 있습니다. 안 좋은 습관은 행복을 느낄 수 있는 다른 행위로 대체하면 됩니다. 컴퓨터 게임은 부차적인 취미 정도로 여기면 큰 문제가 되지 않을 수 있습니다.

도박은 또 다른 종류의 중독 행위로 개인뿐 아니라 가족 모두에게 엄청난 문제를 야기할 수 있습니다. 도박을 하고 난 후, 기분이 우울해지거나 불안하고 죄책감을 느끼는 경우가 많은데, 이를 '갬블링 숙취'라고 합니다. 대부분 도박하는 것을 숨기거나 어떻게든 잃은 돈을 복구하고 다시 돈을 따서 빚을 갚으려고 애씁니다. 도박의 충동을 이길 수 있는 방법 중에는 스스로에게 진실해지고 도박판에서 잃은 돈이 얼마인지 솔직히 고백하는 것이 포함됩니다. 또한 본인이 감당할 수 있는 선까지만 하고 그 선을 넘지 않도록 합니다. 도박을 할 때는 절대 신용카드를 가지고 다녀서는 안 됩니다.

음식, 쇼핑, 그리고 섹스 중독 역시 약물 중독과는 거리가 멀지만 사람들의 삶에 엄청난 영향을 미칩니다. 다른 중독 증상처럼, 이들 역시도 사랑하는 사람들의 도움을 받을 수 있으며 전화 상담을 통해서도 도움을 구할 수 있습니다.

★

당장 버리고 싶은 나쁜 습관이 있습니까?
앞으로 어떻게 개선하고 싶은가요?
어떤 지식과 정보가 도움이 될까요?

모든 중독은
사람들의 삶에 엄청난 해악을 끼친다.
그러나 중독 습관은 행복을 느낄 수 있는
다른 행위로 대체될 수 있다.

통증에서 벗어나라

삶의 위대한 예술은 고통 속에서도
우리가 존재하고 있다는 것을 느끼게 하는 감각이다.

– 바이런 경

사람마다 고통을 느끼는 원인은 다르지만 누구나 걱정거리가 생기고 스트레스를 받는다는 점은 같습니다.

극심한 고통은 상처를 수반합니다. 고통의 원인은 분명하고(팔이 부러졌다거나 하는 경우) 고통이 지속되는 기간과 그로 인한 결과도 예측할 수 있습니다. 이런 극심한 고통은 대부분 그 원인을 치료하고 고통을 야기하는 증세를 다스림으로써 해결될 수 있죠. 고통을 줄여주는 약물의 경우, 단기간 섭취하는 경우가 많아 큰 해가 없고 그로 인한 의존증세도 낮은 편입니다.

만성통증의 경우에는 상처가 치료되고 난 후에도 지속적으로 나타납니다. 끝없이 계속되는 통증은 여러분의 건강과 행복에 엄청난 타격을 미치고, 인간관계와 일 그리고 정신건강에까지 영향을 주니까요. 대부분 형태의 만성통증은 일반적으로 관절염과 당뇨병 같은 질병 때문에 야기되는 것으로 알려져 있습니다. 이러한 만성통증은 약물을 통해 어느 정도 제어할 수 있지만 그 효과가 지극히 제한적이기 때문에 약물을 사용함에 있어서도 주의를 기울여야 합니다. 사실 통증에 대해 어떤 관점으로 받아들이는지가 중요할 수 있습니다. 만성통증을 견디어내며 일상을 영위하는 많은 경우와 대처법이 최근 많이 발표되고 있습니다. 건강관리 전문가들은 만성통증을 치료하고 이겨내기 위해 약물이나 수술요법보다 운동과 심리적 치료 그리고 일상생활의 변화가 필요하다고 말합니다.

심각한 통증이나 만성통증을 느끼면서 일상을 유지한다는 것은 매우 어려운 일입니다. 건강한 생활을 유지하고, 육체적인 운동을 병행하고, 건강식을 섭취하고, 가능한 휴식을 취할 수 있도록 노력해야 합니다. 일부 사람들의 경우에는 통증 때문에 운동을 한다는 것 자체가 어려울 수 있습니다. 그렇다면 하루하루 컨디션에 맞추어서 운동량을 조절하는 것이 좋습니다.

갑자기 통증이 재발할 경우에도 대비해야 합니다. 그런 경우, 미리 준비해 두었던 계획을 실행하는 편이 좋습니다. 친구와 대화를 하거나 전문가를 찾아가 조언을 구하는 등 통증 재발로 인한 우울감을 예방하고 풀어내는 과정을 밟아나가세요. 좀처럼 사라지지 않는 통증 때문에 약물이나 알코올에 의지하는 것은 되도록 피해야 합니다. 통증 때문에 여러분의 삶이 필요 이상으로 제약을 받아서는 안 됩니다. 대신 즐겁고 보람되는 일을 찾아서 그 일에 집중하도록 노력하세요.

★

육체적인 고통에 시달릴 때 당신은 어떤 식으로 행복함을 유지하려고 노력합니까?

숙면을 취하라

때때로 당신이 할 수 있는 가장 긴급하고 중요한 일은
바로 완벽하게 휴식을 취하는 것입니다.

- 애슐레이 브릴리언트

숙면이 우리의 삶의 질에 미치는 영향이 매우 크다는 것이 다양한 연구를 통하여 밝혀지고 있습니다. 그러므로 일정한 수면 패턴을 가지는 것은 신체의 전반적인 기능과 웰빙에 중요한 역할을 차지합니다. 일반 성인들은 하루 7~8시간의 수면을 필요로 합니다. 10대 청소년과 어린이들은 9~10시간으로 그보다 많습니다. 충분한 수면을 취하지 못한 사람들의 경우, 자기 능력을 제대로 발휘하지 못하고 올바른 판단을 하지 못하는 경우가 생깁니다.

건강한 수면 습관을 위해서는 편안한 잠자리 과정과 매일 밤 일정한 시간에 수면을 취해야 합니다. 잠자리에 들기 직전에 경쟁심을 자극하는 게임과 같은 격렬한 운동은 가능한 피해야 합니다. 마찬가지로 컴퓨터는 미리 꺼두는 것이 좋습니다.

스트레스를 받거나 감정적으로 흥분되어 있을 경우 일반적으로 수면 방해 증세가 나타나게 마련입니다. 그날 벌어졌던 일을 계속해서 곱씹어보며 불안을 느끼거나 감정이 고조되는 경우 특히 수면에 방해가 될 수 있습니다. 교대근무를 하거나 갓난아이가 있을 때도 제대로 수면을 취하기 어렵습니다. 또한, 디지털 세대인 만큼 TV 스크린이나 모바일 기술로 인해 엄청난 수면 방해를 받기도 합니다.

잠자리에 들기 6시간 전부터 카페인이 든 음식이나 음료는 멀리해야 합니다. 수면 전 알코올과 담배를 제한하고 배가 너무 부르거나 고픈 채로 잠자리에 들면 안 됩니다. 잠자리에 들기 전에 카모마일 티나 심신의 안정에 도움을 주는 허브 티를 따뜻하게 마시는 것도 숙면에 도움을 줍니다.

소음을 줄이고 침실의 조명을 낮추어 수면에 도움이 되는 환경을 만드세요. 방의 온도도 안락한 정도로 맞춰야 합니다. 계속 시간을 확인하지 않도록 시계는 반대쪽으로 돌려두세요. 숙면을 위해 침대에서 독서를 하거나 섹스를 하는 등의 행위도 되도록 피하는 것이 좋습니다.

만약 15분이 지나도 잠이 오지 않을 경우(혹은 다시 잠들기 힘들 경우)에는 곧바로 침대에서 일어나세요. 지나치게 격렬하지 않은 행위, 가령 음악을 듣거나 책을 읽거나, 명상이나 간단한 운동을 하면서 다른 생각을 하려고 노력해 보세요. 저 같은 경우, 불면증에서 벗어나기 위해서 창문 밖에 있는 별을 감상하는 편입니다. 침대에 누워서도 머릿속에서 걱정이 떠나지 않는다면, 종이에 그 내용을 적어두고 내일 아침까지 접어두려고 노력해야 합니다. 새로운 아침이 밝으면 전날 걱정스럽던 일들이 전혀 달라지는 경우도 있으니까요.

수면 장애는 전체적인 맥락을 변화시킬 때에 해결되기도 합니다. 평소 잠을 청하는 방이 아닌 다른 방에 가서 자거나 애벌레처럼 담요를 돌돌 말고 자거나 잠이 솔솔 오는 음악을 틀어보는 것도 좋습니다. 평소와 반대 방향으로 몸을 돌리고 자는 것도 제 경험상 수면을 취하는 데 도움이 됩니다.

규칙적인 수면 패턴은 매우 중요합니다. 평소 정해진 시간에 잠자리에 들고 깨는 습관을 연습하다 보면 취침과 기상 패턴을 바로 잡을 수 있습니다. 되도록 아침 시간에 운동을 하고 잠자리에 들기 전 격렬한 운동은 피해야 합니다. 낮에는 충분히 밝은 자연광을 쏘이고 저녁에는 전자기기를 전부 끄는 습관을 들이세요. 낮잠을 피하고 주말에도 평소 기상 시간보다 2~3시간 이상은 늦잠을 자지 않도록 합니다. 너무 늦잠을 자면 수면 패턴이 흐트러질 수 있기 때문입니다. 그로 인해 최악의 월요일 아침을 맞을 수 있다는 걸 명심하세요.

전날 밤 숙면을 취하고 나면 기분이 얼마나 상쾌한지 여러분도 아실 겁니다. 충분히 숙면을 취하고 나면 머릿속이 맑아지고 집중력과 암기력이 향상됩니다. 그러니 일상생활에서 최상의 수면을 가장 우선순위에 두도록 하세요!

★

당신은 필요한 만큼의 수면을 취하고 있습니까?
숙면에 도움이 되는 것들은 무엇인가요?

건강을 지켜라

건강은 최고의 재산이다.

– 버질

우리 몸은 단 하나뿐입니다. 그러니 건강의 문제가 생기거나 악화되기 전에 자신의 몸을 지켜야 합니다.

뜨거운 태양으로부터 피부와 시력을 지켜주세요. 챙이 넓은 모자를 쓰면 얼굴과 목, 귀까지 가릴 수 있습니다. 목 뒤쪽 등 가능한 피부를 많이 가릴 수 있는 옷을 입고 시력을 위해 선글라스를 끼고 다닙니다. 오전 10시부터 오후 3시까지는 태양 빛에 노출되지 않도록 하세요. 나무 그늘 아래 있거나 양산 혹은 다양한 종류의 캐노피로 태양을 피하도록 합니다. 손등처럼 쉽게 그을리는 부위에는 선크림을 발라 주는 것이 좋습니다.

항상 건강미를 유지하고 뜨거운 빛에 장시간 노출을 피하세요. 피임은 항상 계획적으로 해야 합니다. 콘돔은 불미스러운 전염을 피할 수 있는 유일한 보호막입니다. 섹스를 할 때마다 반드시 콘돔과 윤활제를 사용하면 HIV 감염이나 기타 섹스로 전염되는 성병의 발병률을 최소한으로 줄일 수 있습니다. 가방이나 지갑에 콘돔을 미리 준비해 두세요.

언제나 미소를 지으세요. 웃음은 최고의 재산이니까요! 잘 먹고 다양한 종류의 영양이 함유된 음식을 섭취하고 당 함량이 높은 음식과 음료

수는 되도록 절제합니다. 물은 충분히 섭취하세요. 적어도 하루 두 번, 식사 후 양치를 잊지 말고 하루 한 번 치실을 사용합니다. 일 년에 한 번은 치과를 찾아가서 정기검진을 받아보세요.

면역력은 사망과 같은 심각한 합병증을 야기하는 해로운 감염으로부터 여러분을 지켜줍니다. 면역력은 신체의 자연적인 방어 체계 즉 면역 반응을 사용해서 특정한 감염원으로부터 몸을 보호해 줍니다. 자녀가 있다면 면역일정표를 정확히 준수하는 것이 좋습니다. 만약 해외로 가야 할 일이 있다면, 떠나기 전 충분한 여유를 두고 백신주사를 맞아야 합니다(경우에 따라 백신주사 접종 여부를 신고해야 하는 일도 있습니다).

건강을 지키기 위한 또 다른 방법으로는 몸에서 문제가 생겼다는 신호를 미리 포착하는 것입니다. 아주 사소한 증상이라고 할지라도 정확히 문제를 파악하면 여러 가지 질병이 동시에 발생하는 일을 막고 완벽하게 치료를 받을 수 있습니다.

건강검진은 말 그대로 여러분의 생명을 지키고 유지하기 위한 것입니다. 여성의 경우, 정기적인 유방검진은 필수입니다. 현재 유방암은 꾸준히 높은 증가율을 보이고 있습니다. 그러므로 평소 자기 몸에 관심을 가지고 혹여 가슴에 이상한 멍울이 만져지거나 이상한 조짐이 보일 경우 즉시 의사의 검진을 받아보도록 하세요. 남성의 경우, 고환의 평소 상태를 파악하고 혹시 이상이 생길 경우 병원을 찾아야 합니다.

피부도 세 달에 한 번씩 점검하는 것이 좋습니다. 피부에 관심을 가지면 가질수록 많은 것을 배우게 됩니다. 어떤 피부 상태가 가장 정상적인지 그리고 지난번에 비해 어떤 점이 달라졌는지 금방 파악할 수 있겠죠.

건강의 문제를 예방하고 미리 문제를 발견하면 질병에 걸리지 않고 능동적으로 건강과 웰빙이라는 두 마리 토끼를 잡을 수 있습니다.

★

당신의 건강을 지키기 위해 어떤 노력들을 하고 있습니까?
반드시 필요한 건강검진을 받아 본 적이 있나요?
치과 검진이나 여타의 검진 스케줄을 어떤 식으로 기억합니까?

아주 사소한 증상이라도
몸에 문제가 생겼다는 신호를
미리 포착하는 것은
건강을 지키기 위한 중요한 방법이다.

• 나의 건강과 웰빙을 개선하기 위한 약속 •

현재 나의 건강과 웰빙을 지키기 위한 방법 :

지금보다 더 건강해지고 웰빙을 높이기 위한 나의 목표 :

과거에 건강을 유지하던 방법 :

그 외에 나를 지지하고 응원해 줄 수 있는 것 :

나의 자신감을 극대화하기 위한 방법 :

다음으로 도전할 단계 :

재정 상태를 점검하라

진정한 행복은 큰 대가를 요구하지 않지만
우리는 거짓된 행복에 비싼 대가를 치른다.

– 호세아 벌루

행복을 얻는데 돈이 얼마나 중요할까요? 돈으로 노숙자에게 살 길을
열어주고 다음 끼니 걱정을 덜어준다면 돈은 정말 가치 있는 중요한 물
건입니다. 전 세계의 극빈층과 집 앞에 구걸을 하러 온 사람에게는 아주
작은 돈이라도 큰 힘이 될 수 있습니다. 백만장자에게는 돈이 조금 더 생
긴다고 해서 크게 달라질 것이 없겠지만요.

핵심을 말하자면 많은 국가들이 부유해지고 그에 따라 의료기술이 발
달되면서 보통 사람들의 수명도 길어졌습니다. 이러한 장점에도 불구하
고 현대인들은 전혀 행복하지 않습니다. 많은 국가에서 고품격 소비생
활이 평준화되면서 대부분의 사람들이 손쉽게 건강식과 의료서비스, 깨
끗한 물과 안전한 집을 얻을 수 있게 되었습니다. 하지만 어느 특정 지점
을 넘어서면서부터 국가가 부유해지는 것이 더 이상 큰 행복을 가져다
주지 않게 되었습니다.

2012년 유엔의 '세계행복보고서'에 따르면 급격한 GDP 성장률이 높
은 수준의 삶을 영위하기 위한 중요한 척도이기는 하지만, 가장 큰 요인
은 아니라고 보고합니다. 급격한 GDP 상승으로 경제적 안정을 유지하
기 위해 애쓰게 되고, 그와 동시에 가난하거나 사회적으로 소외된 계층

은 고통을 겪고, 윤리적 기준이 무너지면서 자연환경까지 위험에 처하게 된다는 것입니다. 따라서 공동체의 방향과 국민들의 정신적 건강이 물질보다 중요하다는 뜻인데요. 경제적 성장에는 환경적이고 사회적인 버팀목이 반드시 필요하기 때문입니다.

그렇다면, 경제적 성장이 우리들의 웰빙과 행복의 향상에 아무런 도움도 되지 못하는 걸 알면서도 경제 성장에만 치중해야 할까요? 행복지수가 높은 나라의 경우, 소득 수준이 높은 것은 사실이지만 그에 더해 사회적 평등도가 높고 신뢰도 높은 즉, 신뢰할 만한 정부가 뒷받침되고 있습니다. 바로 그 점이 행복지수가 낮은 국가들과의 가장 큰 차이점이라고 할 수 있습니다.

정부에서는 GDP를 최우선으로 여기지만, 여론조사에서는 꾸준히 개인의 가치와 가족과 안전과 같은 다른 요소들을 중요시하고 있음을 알 수 있습니다. 몇몇 정부에서는 사회적 시스템을 충원하고, 문화적 활동을 보조하고, 환경을 보호하는 활동을 통해 국가의 행복지수를 향상시키는 것을 중요한 과제로 여기고 있습니다. 때문에 여러분은 국가 부채 수치를 눈여겨보듯 행복지수도 꼼꼼히 살펴봐야 할 것입니다. 우리는 국민의 행복을 최우선 가치로 삼고 있는 부탄이라는 나라에서 많은 부분을 배워야 할 것입니다.

그렇다면 국민 행복지수는 어떤 식으로 가늠해야 할까요? 미국 여론조사기관 갤럽은 150개 국가를 대상으로 국민들이 평가하는 삶의 질에 대해 조사한 바 있습니다. 2005년부터 2011년까지 결과에 따르면 덴마크, 핀란드, 노르웨이, 네덜란드, 캐나다, 스위스, 스웨덴, 뉴질랜드, 오스트레일리아 그리고 아일랜드가 삶의 질이 가장 높은 나라 10위 안에 들었습니다. 그 중 몇몇 국가는 삶의 질과 더불어 훌륭한 사회 보장 시스템과 비교적 균등한 수입과 낮은 범죄율 부분에서도 만족도가 높은 것으로 나타났습니다.

선진국 국민의 대부분은 우리가 필요로 하는 기본적인 것들, 교육과 거주지, 건강한 식재료와 안전한 교통수단 그리고 의료서비스를 쉽고 간편하게 이용할 수 있습니다. 부를 더욱 균등하게 배분할수록 국민들을 위한 기본적인 서비스를 더욱 쉽게 이용할 수 있게 되는 이치입니다.

전체적으로 볼 때, 현대인들은 삶의 질이라는 대가를 지불하면서까지 경제 성장에 지나치게 치중하는 경향이 있다고 합니다. 현대 서구 문화에서는 행복을 즐거움과 만족감 그리고 사치와 동일시하는 경향이 있습니다. 하지만 이러한 일시적 즐거움의 수치가 오랫동안 지속되는 행복으로부터 우리를 멀어지게 만들 뿐이라는 사실을 잘 알고 있습니다. 타인과의 교감, 우리 자신의 강점과 능력을 통한 목표 설정 그리고 스스로의 웰빙을 위해 노력하는 것들이 그런 일시적 즐거움보다 중요합니다. 결과적으로 부를 축적하는 것보다 관계를 충족하는 것이 행복과 웰빙의 삶에 가까워질 수 있는 중요한 열쇠라는 뜻이 됩니다.

돈을 쓰거나 잔고에 신경 쓰지 않고 즐거움을 얻을 수 있는 길을 찾으세요. 그러면 재정 문제로 스트레스를 받을 일이 없어집니다. 이러한 태도는 키티 인형을 사느라 몇 달러를 쓰는 것보다 훨씬 큰 행복을 여러분의 가정에 가져다줄 것입니다.

★

당신의 행복지수에 돈은 어떤 역할을 차지하고 있나요?
당신의 행복과 안전에 돈이 어떤 역할을 하는 것이 좋을까요?

나와 돈의 관계를 재정립하라

내가 가진 것이 충분하다는 것을 깨우친다면, 당신은 진정한 부자이다.

– 노자

여러분이 정말로 하고 싶은 것들을 모두 떠올려 보세요. 이제는 여러분에게 실제로 행복을 주는 일들이 뭔지 떠올려 봅시다. 두 질문의 대답이 어떻게 다른가요?

대부분의 사람들이 자신이 원하는 것(당연히 행복을 줄 거라고 생각하는 일)과 실제로 행복을 주는 일들 사이에 큰 차이가 존재한다는 사실을 깨닫고 놀라곤 합니다. 소비지상주의가 행복을 약속하는 것처럼 보이지만 두 가지 이유 때문에 그렇지 못합니다. 첫째, 우리는 가진 것에 익숙해지고 언제나 더 많은 것을 원합니다. 둘째, 끝없이 남들과 비교하기 때문입니다. 나 자신과 다른 사람을 비교하다 보면 한없이 초라해 보이게 마련이니까요. 보통 로또에 당첨된 사람들은 더 행복할 거라고 생각하지만 그 행복 또한 지극히 제한된 시간에 국한됩니다.

수많은 연구에 따르면 물건을 소유하고 구매하고자 하는 욕구는 행복의 상승과 아무런 연관성이 없다고 합니다. 오히려 불만족과 절망, 불안과 화 같은 부정적인 감정만 증가할 뿐이죠. 그리고 나와 다른 사람의 소득을 비교하는 사람들은 다른 사람의 소득을 중요시하지 않는 사람들에 비해 덜 행복하다고 알려져 있습니다.

우리 삶에 행복을 가져오기 위해서는 나 자신의 역량과 가치, 타인과의 관계와 공동체 내에서의 안전에 더욱 집중하려고 노력해야 합니다. 간단히 말하면, 돈에 구애받지 않는 사람이 더욱 행복하다는 뜻입니다.

그렇다고 수입에 전혀 신경 쓰지 말라는 의미는 아닙니다. 책임감 있는 소비와 재정 관리는 행복한 삶의 원천이며, 우리에게 안정감을 주기 때문입니다. 자신의 재정을 제대로 관리하지 못하면 스트레스를 받고 걱정거리가 늘게 마련이니까요. 여러분의 저축과 소비 패턴을 고려해 나에게 필요한 것과 내가 원하는 것 그리고 현실적인 우선순위와 장기간의 목표를 고민해 보도록 하세요. 여러분의 재정에 대한 능동적인 선택을 하는 것은 삶의 우선순위와 직결되어 있기 때문입니다.

얼마 전, 다섯 살짜리 친구의 딸이 할머니와 함께 쇼핑에 나섰습니다. 할머니가 가게에서 필요한 것이 있냐고 묻자, 아이는 할머니의 손을 잡고 급하게 걸음을 옮기면서 이렇게 대답했다고 합니다.

"할머니, 저는 필요한 게 하나도 없어요. 그냥 갖고 싶은 게 많을 뿐이에요."

아이들도 이처럼 단순한 지혜를 터득하고 있습니다.

★

월급을 줄이는 것과 근무 시간을 줄이는 것 둘 중에 어떤 것이 당신의 가족을 더욱 행복하게 해줄 것 같습니까?
어떤 직업과 어느 정도 수입이면 원하는 생활을 유지할 수 있을 것 같습니까?
'필요한 것'이 아니라 '원하는 것'에 얼마나 소비를 하는 편입니까?
'원하는 것' 중에서 어떤 부분을 줄일 수 있을까요?

잔돈을 모아둘 저금통이나 충동적 지출이나 더 저렴한 물건을 사고 남은 돈을 저축할 계좌를 만드세요. 담배를 끊었거나 알코올 섭취량을 줄였다면, 담뱃값이나 술값으로 절약한 돈을 저축합니다. 당신의 변화가 재정적으로 얼마나 긍정적인 효과를 가지고 오는지 눈으로 확인해 보세요.

물건을 소유하고 구매하고자 하는 욕구는
행복과 아무 상관이 없다.
그것은 불만족과 절망, 불안과 화 같은
감정을 키울 뿐이다.
행복을 가져오는 것은 나 자신의 역량과 가치,
공동체 내에서의 안전과 관계에 있다.

재정을 간소화하라

아름다운 해변을 방문하고 나면
우리가 물질적인 세상에 살고 있다는 사실이 믿기지 않는다.

– 팸 쇼

돈이 반드시 행복을 가져다주는 것은 아니지만 재정을 잘 관리하지 못해 생기는 부작용은 나중에 우리 삶에 엄청난 스트레스가 될 수 있습니다. 이번 주에 납부해야 할 청구서와 나중에 납부해도 되는 청구를 구분하고, 예기치 못한 자동차 수리비를 지불할 여유자금을 굴리느라 골머리를 썩고, 생활비 때문에 물건을 처분해야 하는 등의 고민이 가득한 일상은 엄청난 스트레스와 불행을 야기합니다. 마지막으로 한 번 더, 여러분의 재정 상태를 점검하고 이를 간소화시킬 계획을 세워보도록 하세요.

한 달 지출액과 어느 정도의 사비를 더해 현실적인 예산을 잡아보세요. 자동차 등록비처럼 매년 큰 액수를 지출해야 할 경우를 대비해 매달 조금씩 돈을 모아두도록 합니다. 그러면 거금을 지출하고 나서 부족한 생활비를 메우기 위해 한 달 내내 통조림만 먹고 사는 일은 없을 테니까요.

돈보다는 진정한 인간관계를 바탕으로 생활을 계획하는 방안을 찾아야 합니다. 오랜 기간 사용할 필요가 없는 물건은 지인한테 빌리거나 렌트하고 자주 쓰지 않는 물건을 내다 파는 것도 좋습니다.

청구서의 부피에 압도당하지 않도록 하세요. 청구서는 두 개로 나누어서 보관하는데, 하나는 영수증을 보관하는 용도로 하나는 앞으로 지불해야 하는 청구서를 구별해 두세요. 되도록 자동납부를 이용하고 직불카드로 결제하면 연체료를 지불해야 하는 일을 줄이고 청구서 때문에 낭비하게 되는 시간과 에너지 그리고 엄청난 스트레스를 피할 수 있습니다.

물론 예기치 못한 상황에 대비한 계획도 세워두어야 합니다. 갑작스러운 해고나 질병으로 인해 많은 사람들이 재정적으로 난항을 겪게 되는 경우가 생깁니다. 몇 달치 월급을 따로 모아두면 재정적인 유연성도 생기고 갑작스러운 일이 닥쳐도 재앙이 아닌 잠깐의 감기처럼 이겨낼 수 있습니다. 긴급 계좌를 만들어 두면 절대로 긴급한 일이 벌어지지 않는 것처럼 말입니다.

만약 여름휴가처럼 특정한 목표를 가지고 있다면 미리 계획을 짜두세요. 앞에서 소개했던 'SMART 규칙'을 살펴보면 큰 도움이 될 겁니다. 특정한 목표를 위해서 따로 계좌를 열어두세요. 월급날이 되면, 다른 곳에 돈을 쓰기 전에 미리 적정한 금액을 그 계좌에 이체해 둡니다. 이것저것 결제할 것을 정리하고 나서 따로 돈을 저금하는 것은 말처럼 쉽지 않은 일입니다.

금융권의 채무는 반드시 청산해야 합니다. 높은 이율로 빌린 대출액을 제일 먼저 갚고 매달 신용카드 청구액을 최대한도로 갚아나가세요. 여러 곳에서 가격비교를 해보는 것도 필수입니다. 웹사이트를 통해 가격 비교를 하고 신용카드, 대출, 자동차와 건강보험 등을 결정하기 전에 가장 저렴한 곳이 어디인지 확인해 보세요.

만약 자기 집을 소유하고 싶은 목표를 정했다면 세부적이고 장기적인 재정 계획을 세워야 합니다. 급하게 뛰어들지 마세요. 먼저 부동산 시장을 꼼꼼히 살펴보고 재정 상태를 점검해야 합니다. 지나치게 부담스러운 목표는 피하세요. 여러분의 상황을 고려해서 미래의 이율 상승 예상

수치와 개인적 상황 변동성까지 고려해야 합니다. 일단 대출을 받은 후에는 한 달에 한 번 상환하지 말고 2주에 한 번 상환하도록 하세요. 만약 상환 금액이 유동적이라면 지금 가진 금액보다 조금 더 미리 지불해 두는 것이 좋습니다. 대출을 미리 상환할수록 엄청난 양의 이자를 절약할 수 있습니다.

너무 빡빡하다고 느낄 수도 있겠지만 그렇다고 해서 즐거움을 포기해서는 안 됩니다. 잘 찾아보면 무료로 진행되는 문화적 행사나 이벤트가 많습니다. 지역 도서관을 방문하면 책도 영화도 음악도 마음껏 즐길 수 있고 인터넷까지 무료로 이용할 수 있습니다. 식물원은 적은 돈이나 무료로 즐거움을 누릴 수 있는 좋은 장소입니다. 미술관, 박물관, 공원도 적은 비용으로 다양한 즐거움을 경험할 수 있는 곳입니다.

다양한 휴일 이벤트를 계획하세요. 캠핑도 좋고 직접 음식을 만들어 먹을 수 있는 숙소, 집 바꾸기, 혹은 친구를 방문하기 등 할 수 있는 일은 무궁무진합니다. 예약 마감이 임박한 고풍스러운 호텔을 특가에 판매하는 웹사이트를 찾아보는 것도 좋습니다. 아니면 해외여행 대신 집 근처 가까운 곳으로 떠나보세요.

★

어떤 방법으로 재정을 줄일 수 있을까요?
당신과 자녀 그리고 가족들을 위해 따로 저축해 둔 돈이 있습니까?
어려움과 스트레스 없이 자유롭게 자금을 융통할 수 있나요?

의심 없이 행복하라

우리가 가지고 있는 것이 아니라 우리가 즐길 수 있는 것을 통해서
풍족함을 느낄 수 있다.
- 에피쿠로스

일상에서 누릴 수 있는 행복은 실로 다양합니다. 좋은 책을 읽고 강아지와 산책을 하고 잠시 낮잠을 청하고 따뜻한 수프를 만들고 향긋한 차를 마시고 정원을 손질하고 퍼즐이나 십자말풀이에 골몰하고 멋진 음악도 들을 수 있으니까요.

즐겁고 편안한 일은 생각보다 단순한 것들입니다. 모닥불을 피우고, 뜨거운 물에 목욕을 하고, 향긋한 향초를 피우고 깨끗한 침대보를 씌우고 겨울이면 따뜻한 수건으로 몸을 감싸고 고양이가 그르렁거리는 소리를 듣고 비오는 날 아침 따끈한 계란과 토스트를 먹는 것까지 실로 다양합니다. '사운드 오브 뮤직'에서 줄리 앤드루스가 불렀던 노랫말처럼 말이에요.

"장미 꽃잎에 맺힌 빗방울, 새끼 고양이의 콧수염. 반짝이는 구리 주전자, 따뜻한 털장갑. 노끈을 묶어 놓은 갈색 소포 꾸러미. 모두 내가 좋아하는 것이라네."

다정함과 친절한 행동에는 돈이 들지 않지만 엄청난 의미를 가져다줌

니다. 따뜻한 포옹과 감사하는 마음을 담은 카드, 친구를 위해 준비한 뜨끈한 찜 요리, 정원의 꽃으로 만든 꽃다발, 사랑한다고 말하기, 특별한 메시지 보내기, 생일축하카드 혹은 밸런타인데이 카드 만들기, 이웃집 방문과 친구에게 전화를 걸어 즐거움을 전하는 행동은 주는 사람도 받는 사람도 모두 행복해지는 일입니다.

그 외에도 만화를 보며 실실 웃던 일처럼 작고 소소한 즐거움을 느꼈던 인생의 경험들도 있습니다. 혹은 삶의 마법 같은 모습을 통해 스스로를 발견하는 일도 가능하겠죠. 밤하늘의 별 구경, 멀찍이 서서 사람들 관찰하기, 노을을 감상하고 낙엽을 바라보고 거미줄을 치는 거미의 모습을 바라보기 등등.

그중 몇몇은 어린 시절의 추억을 떠올리게 만들 겁니다. 뜨거운 여름날 먹었던 시원한 수박, 모래성을 쌓던 기억, 맛있는 팬케이크, 뜨거운 시나몬 케이크 냄새처럼 말이죠. 아직 어린 시절로 되돌아가기에 늦지 않았습니다. 어린 시절 즐겨했던 베개 싸움, 강가의 조약돌 건너기, 비눗방울 불기, 자전거 타기 등의 놀이는 언제 해도 행복한 것들이니까요.

해변을 거닐고 바다에서 수영을 하고 나비를 감상하고 잔디에 누워 하늘에 떠 있는 구름을 바라보는 등 자연과 함께 하는 모든 것들은 여러분의 영혼을 풍요롭게 만들어 줍니다. 아니면 직접 숲으로 들어가서 차를 타고 산길을 달리고 숲속을 거닐고, 대화를 나누고 차를 마시고 서서히 꺼져가는 모닥불 속의 뜨거운 잉걸불(편집자 주: 다 타지 않은 장작불)을 감상할 수도 있을 겁니다.

아이들과 함께 하면 저렴한 가격으로 즐거움을 누릴 기회가 많아집니다. 소풍 가기, 공원에서 놀기, 보물찾기, 아이스크림 먹기, 공항에서 비행기 관찰하기, 빵 만들기, 독서 등 헤아릴 수 없을 정도니까요.

무료로 즐길 수 있는 것들에는 근처 도서관에 가거나 지역 주민 센터에서 개최되는 음악회를 찾거나 미술관을 방문하거나 스포츠 경기를 감상하는 것들도 포함되어 있습니다. 행복을 만드는 다양한 경험들은 굳이 지갑을 열지 않더라도 문밖에만 나서면 충분히 찾아볼 수 있다는 것을 기억하세요.

★

돈이 들지 않는 것 중에서 가장 즐거운 일은 무엇이 있을까요?
어떻게 하면 이런 즐거운 경험을 당신의 일상에 더할 수 있습니까?
이처럼 즐거움을 느낄 수 있는 단순한 활동 중에서 꼭 해보고 싶은 것이 있나요?

자신을 나누라

당신이 가진 것을 나눠주었다면 충분히 주지 못한 것이다.
당신 자신을 오롯이 내어주었을 때야 비로소 진정한 나눔이 된다.

- 칼릴 지브란

주는 것은 받는 것보다 더 큰 행복을 줍니다. 어느 실험에 따르면 한 그룹에게는 자신을 위해 쓰라고 돈을 주고, 다른 그룹에게는 다른 사람을 위해 쓰라고 돈을 주었다고 합니다. 실험이 끝나고 어느 그룹의 사람들이 더 행복했을까요?

칭찬의 말, 미소와 다정한 인사 등 돈을 들이지 않고도 우리가 줄 수 있는 것은 많지만 동시에 엄청난 가치를 갖고 있습니다. 선물 역시 비싼 것보다는 세심함이 깃든 선물이 받는 사람에게 더욱 큰 의미와 기쁨을 줄 수 있습니다. 어떤 사람들은 많은 돈을 쓰지 않고도 좋은 선물을 고르는 재주가 있습니다. 그런 값진 선물을 찾는 열쇠는 바로 상대에 대한 관심입니다. 상대가 얘기했던 소소한 이야기를 메모해 두거나 상대에게 필요할 만한 것을 그려보고 고른 것들이니까요. 가령 친구가 잃어버렸거나 망가져서 쓰지 못하는 물건을 선물해 주는 것, 친구가 원하는 목표를 이룰 수 있도록 도움을 주는 것, 친구와 함께 즐길 수 있는 것들을 선물한다면 얼마나 기쁠까요?

손수 만든 카드나 그림도 훌륭한 선물이 될 수 있고, 어린아이의 손길이 닿은 것이라면 말할 것도 없이 최고의 선물이 될 수 있습니다. 자작시나 노래도 돈으로 환산할 수 없을 정도로 가치 있는 선물이 될 겁니다.

어린 아이들의 경우에는 예쁘게 장식된 케이크나 공, 인형, 책, 의상, 필기도구, 특별한 외출 같은 단순한 선물로도 충분히 만족할 겁니다. 십 대들의 경우라면 언제 어디서든 아무것도 묻지 않고 자동차로 태우러 가 겠다는 약속이 적힌 공짜탑승권 정도면 나쁘지 않을 테고요. 성인의 경 우, 사랑한다고 적힌 카드와 석양을 바라보며 함께 마시는 샴페인 한 잔, 특별히 명곡만 골라 담은 음악 파일, 직접 만든 잼이나 피클, 초콜릿 아 니면 예쁜 액자에 넣은 사진을 받으면 행복해 할 겁니다.

로맨스가 가득한 선물의 경우는 큰돈을 들이지 않고 상대방에게 특별 한 의미와 특별한 날을 만들어 줄 수 있습니다. 예를 들어 함께 해변을 걷 고, 달밤에 산책을 하고, 아름다운 노을을 바라보며 드라이브를 하는 것 등이 그에 해당됩니다. 두 손을 꼭 잡아주기. 양초와 냅킨 그리고 최고급 접시와 술잔을 준비해 집에서 맛있는 저녁식사를 하는 것도 좋습니다. 집에서 만든 맛있는 요리를 선보이고 마무리로 특별한 초콜릿을 나눠 먹 는 것도 로맨틱하지 않습니까? 카드 게임을 하고, 책을 읽어주고, 어둠 속에 촛불을 켜고 두 사람만의 노래에 맞춰 춤을 추는 것도 좋겠네요. 아 니면 편하게 누워서 두 사람이 좋아하는 영화를 보고 따뜻한 코코아를 마시고 잠옷을 입고 베개 싸움을 해보세요. 아침에 사랑하는 사람을 위 해 침대로 맛있는 아침식사를 가져다주거나, 서둘러 가지 않아도 된다 면 함께 아침식사를 만들어 함께 먹는 것도 즐거운 일이 될 겁니다. 공원 으로 가서 함께 그네도 타보고, 오리들을 바라보기도 하며, 롤러스케이 트를 타보는 것은 어떨까요? 은은한 초를 켜고 함께 욕조에 앉아 있는 것 만으로도 행복할 겁니다.

★

어떻게 하면 지출을 늘리지 않고 삶에 낭만을 더할 수 있을까요?
어떤 메시지를 담은 선물을 하고 싶습니까?
정말 사랑하는 사람이 갖고 싶은 선물은 무엇일까요?
예산이 부족하다고 가정하고, 어떻게 특별한 선물을 할 수 있을까요?

가장 좋은 선물은 상대방에 대한
진정한 관심이다.
그러므로 자신을 내주는 것보다
더 큰 선물은 없다.

마무리를 완벽하게 하라

우리들의 운명은 저 하늘의 별이 아니라 우리 자신에게 달려 있다.

- 윌리엄 셰익스피어

만약 앞으로 여러분이 살날이 얼마 남지 않았다고 가정해 봅시다. 가장 먼저 하고 싶은 일이 무엇인가요? 어떤 부분을 바로잡고 싶습니까?

얼마 전, 혈액검사 결과지가 담긴 파일을 들고 진료실 앞에서 기다린 적이 있었습니다. 검사결과를 직접 의사에게 전달해야 하는데 접수 직원의 실수로 제 손에 들어왔던 거죠. 15분 동안 저는 혈액검사 결과 목숨이 위태로운 중병에 걸린 것이 분명하다고 생각하고 있었습니다. 다행히 아무 문제가 없는 것으로 밝혀졌지만, 그 일을 계기로 인생의 우선순위에 대해 진지하게 고민해 볼 기회를 얻었습니다.

미처 처리하지 못한 업무를 정리하는 것은 평온함을 가져다줍니다. 어쩌면 예전에 빌렸다가 돌려주지 못한 물건이나 미제의 프로젝트를 처리하기 위해 오랜 친구에게 연락을 할 수도 있을 겁니다. 어쩌면 세금 문제를 말끔히 정리하고 법률문서를 바로 잡아야 할 수도 있습니다.

유서를 쓰는 것은 마음의 평화를 얻기 위해 가장 중요한 과정입니다. 특히 앞으로 남겨질 사랑하는 사람들을 위해 미리 계획을 세워두고 싶은 사람이라면 더더욱 그럴 테죠. 여러분이 세상을 떠나고 난 후, 누구에게 뒷마무리를 부탁할지도 미리 정해둘 수 있습니다. 말하자면 재산과 유언을 집행하는 사람이 될 겁니다. 미리 유언장을 어디에 두었는지 알려놓으세요. 변호사에게 유언장 집행을 맡기는 경우, 여러분을 위해 무상으로 유언장을 맡아주기도 합니다. 만약 유언장을 직접 작성했다면 안전하고 쉽게 찾을 수 있는 곳에 보관해두세요.

기억해 둘 것은, 결혼을 하거나 이혼을 하거나, 자녀가 태어나거나 집을 소유하게 되는 등 신변에 변화가 생길 경우에는 반드시 유언장의 내용을 수정해야 한다는 점입니다. 매년 유언장을 다시 점검해 보도록 하세요.

어쩌면 가까운 친구를 만나, 여러분이 심각한 병에 걸리거나 거동이 불편해지는 경우 벌어질 일들에 대해 의논해 보고 싶을 수도 있습니다. 장기기증 여부에 대해서도 고민해 보고 심각한 사고를 당하거나 질병에 걸렸을 때 병원 치료를 받게 되면 어떨지에 대해서도 생각해 두셔야 합니다. 물론 쉽게 주제로 삼을 만한 문제들은 아니지만, 미리 결정을 해두면 다가올 미래에 결정을 하거나 문제를 상의할 경우에 일이 훨씬 수월하게 진행될 수 있습니다.

일단 처리하지 못했던 문제를 정리하고 모든 일을 깔끔히 매듭짓는 등 정리를 마치면 훨씬 더 편안하게 휴식을 취할 수 있습니다.

★

당신이 세상을 떠나고 난 후, 마무리 할 문제들은 어떤 것이 있나요?
당신이 심각한 병에 걸리거나 다쳤을 경우, 주변 사람들이 당신을 위해
어떻게 행동해주기를 바랍니까?

현명하게 소비하라

즐거운 마음으로 베푸는 사람들은 그 즐거움이 그들이 받는 보상이다.
– 칼릴 지브란

세계적으로 그리고 지역적으로 많은 사람들이 경험하는 불평등의 문제를 바로 잡고 싶다면 여러분이 어떻게 돈을 벌고 쓰는지에 대해 조금 더 주의를 기울일 필요가 있습니다.

여러분이 근처에서 구매하고 사용하는 제품들은 다른 나라에 사는 국민들에게 엄청난 영향을 끼칩니다. 우리가 사용하는 물건의 대부분은 개발도상국에서 만들고 또 자란 것들이기 때문입니다. 때때로 그들은 쥐꼬리만 한 대가를 받고 위험천만한 상황에서 작업을 해야 하는 경우도 있습니다. 어쩌면 어린 노동자들의 손길을 거쳤을 수도 있겠죠. 커피나 코코아를 경작하는 농부들은 제품에 대한 정당한 대가를 지불받지 못할 수도 있습니다. 혹은 제조과정에서 환경적인 오염을 야기하고 있을지도 모를 일입니다.

오늘날 우리는 현명한 선택을 할 수 있고 우리가 가진 지식으로 윤리적으로 생산된 좋은 제품을 고를 수 있는 운 좋은 위치를 차지하고 있습니다. 덕분에 양심적인 노동력과 공정한 가격으로 제품을 판매하는 회사를 지원할 수가 있게 된 거죠. 물론 환경적인 기준에 부합하기 위해 노력하는 회사도 빠질 수 없습니다. 그렇게 공정하게 거래되는 물건을 구입하는 것으로 전 세계의 비즈니스를 활성화시킬 수 있을 겁니다.

또한 윤리적이며 장기적인 투자를 재고해 볼 수도 있습니다. 실로 많은 투자회사에서 위법한 행위를 통해서 돈을 벌지 않으면서도 투자할 수 있는 여러 가지 옵션을 제공하고 있으니까요. 사회적으로 책임감을 느끼는 기업체들이 단지 이익을 창출하기보다는 다양한 비용과 효율성을 고려한 투자 방식을 염두에 두고 있습니다. 장기적이고 윤리적인 부분에 중점을 둔 연금 펀드를 고려해 보거나, 연금 펀드 쪽으로 투자할 수 있는지 가능성을 타진해 보는 것도 좋습니다. 어느 것도 여의치 않다면 연금 펀드에 투자할 수 있는 상품을 찾아보도록 하세요.

지구를 아끼고 사랑해야 합니다. 환경문제에 더욱 눈과 귀를 기울이고 우리 때문에 환경이 파괴되지 않도록 노력하세요. 제품을 고를 때, 원산지를 확인하고 얼마나 멀리에서 수입된 것인지 살펴야 합니다. 가능하다면 지역 생산품을 구입하도록 노력하세요.

그런 방식으로 남긴 여유자금은 부유한 사람보다 가난한 사람에게 큰 힘이 됩니다. 매달 수입 중 일부를 자선단체에 기부하거나 불우한 이웃 혹은 환경친화적 개발을 위해 사용해 보세요. 세금 환급으로 얻은 이득이나 뜻밖의 보너스도 기부하는 습관을 가지도록 합니다.

그 밖에도 우리가 가진 것을 나눌 수 있는 여러 창의적인 방법들이 있습니다. 주변 친구들과 함께 기부 모임을 만들어서 어떻게 이를 기부할지 고민해 볼 수도 있겠죠. 가난한 예술가에게 주는 상을 만들어서 기부금을 전달하거나 지역 스포츠 단체를 후원하는 방법도 좋습니다.

★

어떻게 하면 현명하고 책임감 있는 소비자가 될 수 있을까요?
자녀들에게 어떤 방식으로 돈을 관리하라고 가르치고 싶습니까?

오늘날 우리는 소비자로서
현명한 선택을 할 수 있고
우리가 가진 지식으로 윤리적으로
생산된 좋은 제품을 고를 수 있게 되었다.

• 나의 재정을 현명하게 관리하기 위한 약속 •

지금 나의 재정 상태를 유지하기 위한 방법 :

현재보다 나은 재정 관리를 위한 나의 목표 :

과거 재정을 관리했던 방법 :

그 외에 나를 지지하고 응원해 줄 수 있는 것 :

나의 재정을 현명하게 관리하기 위한 방법 :

다음으로 도전할 단계 :

적극적으로 일하라

일은 사랑을 눈에 보이도록 하는 것이다.
- 칼릴 지브란

"내가 가장 좋아하는 일을 할 때 진정한 행복을 느낄 수 있다." 여러분도 이런 말을 한번쯤 들어보셨을 겁니다. 그 말처럼 우리는 진정 좋아하는 일을 할 때, 행복하고 만족감을 느낍니다. 여러분은 지금 하는 일에 만족하십니까?

실제로 많은 요인들이 지금 하는 일의 가치를 결정하는 데 영향을 미칩니다. 연구에 따르면 높은 소득, 유연한 작업시간, 승진 기회, 안정성, 흥미도, 독립적인 작업 환경 그리고 남을 돕고 사회에 유용한 일꾼이 될 수 있는가에 따라서 그 가치가 결정된다고 합니다. 그러한 요인들의 저변에는 일을 할 때 자부심과 자애로움, 그리고 보람과 정직함이라는 요인들이 깔려 있습니다.

일의 가치를 결정하는 요인 중에 높은 소득이 포함되어 있기는 하지만, 사실상 소득이 높아질수록 작업 능률은 떨어질 수 있다는 흥미로운 연구결과도 있습니다. 안정성과 자주성, 직장에서의 신뢰와 독립성보다도 돈이 가장 중요한 요소가 되기 때문인데요. 자기 일에 만족하는 사람들은 현재의 일을 꾸준히 하고 싶어 하며, 더욱 생산적으로 이끌어가기를 원하기 때문입니다.

본인이 가진 기술과 흥미분야 그리고 남들보다 뛰어난 면이 무엇인지 진지하게 고민해 보도록 하세요. 그러한 요소들이 지금 하는 일 그리고 자신이 가진 열정과 어떻게 조화를 이루고 있는지 곰곰이 생각해 봅니다. 만약 직업을 바꾸거나 직장을 옮기고 지금보다 일을 줄이고 학업을 다시 시작한다면 여러분을 더욱 행복하게 만들어 줄 수 있을지 고민해 보세요.

자기 일에 별다른 성취감을 느끼지 못하는 친구가 한 명 있었습니다. 자신이 가진 기술을 더욱 의미 있는 곳에 사용하고 싶어 했죠. 그렇게 고민하던 찰나, 여러 문화권과 토착민들을 연구하는 작업에 마케팅을 맡아 자신이 가진 기술을 마음껏 펼칠 수 있는 좋은 기회를 얻게 되었습니다. 지금 그 친구는 지난 20년 동안 느꼈던 것보다 훨씬 더 행복하게 자신이 맡은 바 임무를 다하고 있습니다.

꿈꾸는 것을 두려워 마세요. 자신의 열정이 무엇인지 정확히 파악하고, 그것을 바탕으로 삶을 꾸려나가야 합니다. 이제부터 여러분의 꿈을 향해 살겠노라고 스스로 굳게 다짐해 보세요.

★

당신은 어떤 것에 열정을 가지고 있습니까?
자신이 살아있음을 느끼고 가장 행복한 때는 언제인가요?
직장을 선택할 때, 어떤 점을 가장 중요하게 생각합니까?
지금 하는 일에 흥미를 유지할 수 있게 해주는 요인은 무엇인가요?
지금까지 했던 일 중에서 가장 기억에 남는 일은 무엇입니까?

앞으로 다가올 미래를 상상해 보세요. 이제 더 이상 일을 할 수 없는 시기가 닥쳤다고 생각해 봅니다. 지금까지 했던 일 중에서 남들이 가장 기억해 주었으면 싶은 것은 무엇인 가요? 최고의 업적이라고 꼽을 만한 것이 있습니까? 지금까지 일을 하면서 유용하게 사용했던 나만의 기술, 자질, 그리고 능력이 있나요?

마지막이라고 생각하고 이력서를 작성하거나 은퇴식에서 사람들에게 전하고 싶은 연설문을 작성해 보는 것도 좋습니다.

• 위의 과정을 통해 어떤 점을 발견했나요?
• 여러분이 상상했던 일을 하기 위해서 어떤 점을 보강해야 할까요?

혹여 여러분이 생각했던 부분이 실현 불가능하다고 해도 크게 고민하지 마세요. 어떻게 할지 고민하지 말고, 머릿속에 여러분이 원하는 미래를 계속 그려보도록 하세요. 언젠가 그 상상이 실현될 날이 올 겁니다!

일의 안정성과 자주성,
신뢰와 독립성이 임금보다
더 중요한 가치이다.

진정 원하는 일을 하라

진정 원하는 일을 하는 사람은
주어진 일에 항상 흥미를 느끼며 절대로 버거워하지 않는다.
– 바딤 코텔니코브

우리는 종종 이런 말을 듣곤 합니다. "진정 사랑하는 일을 해라. 그러면 평생 지루함을 느낄 틈이 없을 것이다." 월급이야 얼마가 됐건, 어떤 일을 하면 만족할 수 있을까요?

여러분은 무엇을 잘하나요? 제일 하고 싶은 일이 무엇입니까? 자신이 가진 기술과 관심사와 잘 어울리는 일을 생각해 보세요. 일단 그것부터 알고 나면, 여러분이 가진 기술과 관심사 그리고 재능에 가장 적합한 일이 무엇인지 발견할 수 있을 것입니다.

지금 하는 일이 여러분의 목표와 가족들의 요구를 충족시킬 수 있나요? 앞으로 만들어 가고자 하는 미래의 큰 그림에도 도움이 됩니까? 진정 원하는 일이 무엇인지 찾기 전에 여러분이 가장 중요하게 생각하는 가치와 관심사, 개인적 성향과 기술 그리고 능력부터 제대로 파악해야 합니다.

사람들은 살아가면서 여러 번 직업을 바꾸기도 합니다. 관심사가 변하거나 우선순위가 달라지거나 회사에서 기존과는 다른 기술을 요구하는 일이 벌어지기 때문입니다. 지금 여러분에게 가장 어울리는 직업을 선택해야 하는 기로에 놓였다면 주변 사람들과 가족들이 어떤 일을 권유하는지 귀 기울여 보는 것이 좋습니다.

　내가 좋아하는 일을 하고 더불어 남을 도울 수 있다면, 일과 함께 행복해질 수 있습니다. 자신이 진정 원하는 일을 하고 다른 사람들과 긍정적인 관계를 맺을 수 있다면 월급을 더 받는 것보다 궁극적으로 더 큰 성취감을 누릴 수 있습니다. 더욱 살기 좋은 세상을 만들기 위해서 여러분이 어떻게 기여할 수 있을까요?

★

본인이 가지고 있는 기술과 자질, 능력의 가장 만족스러운 면은 무엇인가요?
지금 하는 일이 가장 의미 있게 느껴질 때는 언제입니까?
만약 앞으로 살날이 일 년 밖에 남지 않았다면,
무슨 일에 도전해보고 싶습니까?

이상적인 일을 찾아라

인생에서 행복을 느끼기 위해서 세 가지가 필요하다.
할 수 있는 일과 사랑할 대상 그리고 미래에 대한 희망이다.

- 조지프 애디슨

여러분에게 의미도 있고 만족스럽기까지 한 이상적인 직업을 떠올린다는 것이 쉬운 일은 아닙니다. 막상 머릿속으로 그려보라고 하면, 뿌옇고 희미한 그림만 떠오를 거예요. 그럴 때는 그 일을 하게 됐을 때, 나의 하루가 어떻게 흘러갈지를 그려보는 것이 좋습니다.

먼저 하루가 어떻게 시작될지부터 생각해 보도록 하죠. 몇 시에 일어나야 할까요? 어떤 옷을 입어야 하죠? 현재 여러분이 출근할 때의 복장과 비슷하거나 혹은 완전히 다른가요?

이제 일을 하러 나설 차례입니다. 직장까지 어떻게 가나요? 어떤 교통수단을 이용하고 시간은 얼마나 걸리나요?

그렇게 직장에 도착했다고 생각해 봅시다. 어떤 일을 하는 곳입니까? 그 일을 할 때 가장 우선시 되는 가치는 무엇이고, 그 일이 여러분에게 중요한 이유는 무엇인가요? 작업 환경은 어떻습니까? 점심식사는 어디서 하죠?

직장에서의 하루를 그려봅니다. 주로 맡은 일이 무엇인가요? 대부분의 시간 동안 무엇을 합니까? 동료들과 함께 일을 하나요, 아니면 혼자 하나요? 어떤 기술이 필요합니까? 근무 환경은 어떤가요? 여러분의 생활을 충분히 유지할 수 있을 만한 월급을 받을 수 있나요? 근무 시간은 얼마나 되나요? 그로 인해 어떤 이점을 얻을 수 있습니까?

드디어 퇴근시간입니다. 몇 시에 퇴근을 하나요? 일을 마치고 집에 돌아왔을 때, 어떤 기분이 듭니까?

위와 같은 연상 활동을 통해, 새로운 일에 도전할 열정과 에너지를 배가시킬 수 있습니다. 더불어 정말 그 일을 하고 싶은 것인지도 다시 한 번 확인해 볼 수 있겠죠. 어쩌면 현재 하고 있는 일이 더 적성에 맞는다고 판단하여 지금의 작업 환경을 개선하겠다고 결심할 수도 있을 겁니다. 그럴 때는 이런 방법을 고려해 보세요. 5일 근무 중에 4일만 출근할 수 있나요? 한 달에 반 정도 자택 근무를 하면 더 행복하고 작업 능률이 오를까요? 뭔가 새로운 기술을 배우고 싶다면, 현재 직장 말고 다른 곳으로 파견근무를 신청해 보는 것도 좋습니다.

★

방금 했던 연상 활동 중에서 가장 행복했던 순간은 언제인가요?
그 과정 중에서 어떤 영감을 받았나요?
당신이 원하는 일을 하기 위한 다음 단계는 무엇입니까?
현재 하는 일을 유지하면서 어떤 식의 시도를 할 수 있을까요?

영감을 얻어라

저 멀리까지 비추는 작은 촛불을 보라!
작은 선행이 악한 세상을 밝히는 것도 그와 같구나.
- 윌리엄 셰익스피어

일에 있어서 여러분에게 영감을 주는 사람은 누구입니까? 여러분의 숨겨진 자질을 일깨워주고 최고가 되고 싶도록 북돋워 주는 사람이 있나요?

멘토나 코치들은 여러분이 성장할 수 있도록 든든한 지원자가 되어줄 뿐만 아니라 좋은 영향력을 행사하기 마련입니다. 영감을 주는 대상이 여러분의 상사가 아닐 수도 있겠죠. 능률적인 태도를 지니고 있어 평소 선망하던 동료이거나 여러분의 경력 개발에 관심을 보이는 선임자일 수도 있습니다. 언젠가 여러분이 이루고자 하는 바를 멋지게 성공한 대상이 될 수도 있겠죠. 최고의 멘토와 지도자는 타인과 소통할 수 있는 능력을 지니고 있으며, 자애롭고 여러분이 더 나은 사람으로 변화할 수 있도록 영감을 불어넣어 줍니다.

저 역시 일적으로 가장 많은 영향을 받았고 든든한 후원자가 되어주었던 분들은 언제나 긍정적이고 확신에 찬 태도를 보여주었습니다. 더욱 심도 깊은 연구에 임할 수 있도록 북돋워 주었고 용기를 갖고 한 걸음 나아가 새로운 기회에 도전할 수 있도록 해주었습니다. 언제나 응원을 아끼지 않았고 저의 성공에 함께 기뻐해 주셨죠. 그리고 말뿐만 아니라 행동하는 법도 가르쳐주었습니다.

★

일에 있어서 당신에게 영감을 주는 사람이 있습니까?
가장 중요한 것이 뭐라고 가르쳐 주었나요?
직장에서 당신에게 힘이 되는 사람은 누구입니까?
직장 동료들이 말하는 당신의 장점과 자질은 무엇인가요?
당신에게 가장 큰 용기를 주는 사람은 누구입니까?

최고의 멘토나 지도자란 자애롭게
타인과 소통할 수 있는 능력을 가지고 있어서,
나를 더 나은 사람으로 변화할 수 있도록
영감을 불어넣어 줄 수 있는 사람이다.

꾸준히 배워라

많이 배울수록 이해해야 할 것이 늘어난다.

− 노자

배움이란 참으로 재미있고 흥미로운 활동입니다. 배우면 배울수록 알아야 할 것이 더 늘어나니 말이에요. 비록 배움으로 인해 우리 자신의 무지함을 깨닫게 되는 것일지라도, 고맙게도 배움은 우리의 마음을 열어주고 겸손하게 만들어 줍니다. 여러분은 배움을 통해 항상 젊고 깨어 있는 정신을 유지할 수 있습니다. 뿐만 아니라 여러분의 영감과 행복의 원천이 되기도 합니다. 다른 이점도 있습니다. 배우면 배울수록 인생을 사는 것이 수월해질 테니까요.

여러분은 원하는 공부를 충분히 끝냈나요? 혹시 더 배우고 싶은 분야는 없습니까? 더 깊이 공부하면 여러분이 원하는 인생을 사는 데 도움이 될까요?

평생학습이라는 개념은 늘 존재하며 발전을 도모하고 어린 시절과 학창기보다 더욱 깊이 있는 행동을 한다는 것을 의미합니다. 배움은 여러분이 가진 기술을 갈고 닦을 수 있고 새로운 것을 습득할 수 있는 길입니다. 또한 타인과 교류하고 협동할 수 있게 해주며 세상이 필요로 하는 최고의 것을 이뤄낼 수 있는 길이기도 합니다. 대학 교육은 더 높은 연봉과 안정적인 직업을 얻는 데 도움이 되죠. 그리고 학문의 재미를 느끼기 위해서 배움에 매진하게 되면 경험도 풍부해지고 인생을 보는 시야를 넓힐 수 있습니다.

대부분의 직장은 직원들에게 자발적이고 책임감 있는 배움을 격려하고 있습니다. 이를 통해 자신이 맡은 전문적인 분야에서 혁신과 발전을 끌어낼 수 있기 때문인데요. 반대로 여러분이 발전하기 위해 필요한 기술과 전문가로서 탐구해야 할 새로운 분야를 스스로 알아간다는 것을 의미하기도 합니다.

우리는 매일매일 경험을 통해, 또 실수를 통해서 배우고 있습니다. 질문을 던지고 인생을 관망하고 반추하면서도 배웁니다. 책을 읽고 다른 사람과 대화를 나누고 혹은 제대로 된 교육을 통해서도 배웁니다. 멘토나 코치도 여러분의 발전을 뒷받침해주는 든든한 지원자가 될 수 있습니다.

배움을 통해 행복을 느끼는 사람들을 보면 참으로 흐뭇합니다. 그들은 현재의 편안한 영역을 넘어서 새로운 기회를 찾고, 인생의 역경을 이겨내고 새로운 목표를 정하고 용기 있게 앞으로 나아가기 때문인데요. 일단 이론적인 것을 이해하고 나면 자신이 가진 지식을 행동에 옮길 수 있습니다. 매트릭스의 주인공 네오는 모피어스에게 이렇게 말했습니다. "길을 아는 것과 그 길을 걷는 것 사이에는 큰 차이가 있다"라고 말이에요.

★

오랫동안 배우고 싶었지만 차마 시작할 엄두를 내지 못했던 분야가 있습니까?
당신이 꿈꾸는 직업을 갖기 위해 어떤 기술과 자질이 필요합니까?
그런 자격을 갖추기 위해서 어떻게 노력할 생각인가요?

삶의 규모를 줄여라

행복을 만드는 것은 얼마나 많이 가졌는지가 아니라
얼마나 즐길 수 있느냐에 달렸다.
-찰스 스펄전

여러분은 혹시 이런 생각을 해본 적이 있나요? '지금 삶이 너무 버겁고 힘들어. 아무래도 내 인생의 우선순위가 뭔지 다시 분명히 해야겠어.' 연구에 따르면 소득이 일정 수준에 오르고 나면 그보다 더 많은 돈을 번다고 해도 행복에는 그다지 큰 영향을 미치지 않는다고 합니다. 안타깝게도 많은 사람들이 더 높은 연봉과 성공을 위해 가족들과의 오붓한 시간을 희생하며 살고 있습니다. 하지만 더 높은 지위와 물질적 성공을 목표로 하는 사람보다 가족과 다른 사람을 돕는 것에 목표를 둔 사람들이 더욱 행복하다는 사실은 너무나 자명합니다.

삶의 규모를 축소하는 것은 자신의 일에서 확고한 위치를 얻고 삶의 질을 높이기 위해 재정적인 위치를 희생할 의지가 있는 사람들의 신중한 선택입니다. 여러분도 예전과 몰라보게 달라진 사람들을 주변에서 보셨을 겁니다.

요즘은 주변에서 그런 모습을 흔히 볼 수 있습니다. 전보다 돈은 적게 벌고 삶의 규모를 축소해 나가겠다고 선택하는 사람들이 많아졌습니다. 아마도 가족들과 더 많은 시간을 보내고, 더 건강한 삶을 영위하고, 하루를 더욱 균형 있고 풍족하게 보내고 싶기 때문일 겁니다. 덜 물질적이고 자연 친화적인 삶을 원하기 때문일 수도 있겠죠.

이를 위해 시간제 일자리를 구하고 일자리를 나누고 혹은 개인 사업을 시작할 수도 있겠죠. 조기 은퇴를 하고 자원봉사를 하거나 비영리단체에서 일을 하는 것은 어떨까요? 다시 대학에 들어갈 수도 있을 겁니다. 혹은 배우자가 다시 일터에 복귀할 수 있도록 자녀 양육과 집안일을 도맡을 수도 있겠죠. 책을 쓰고 싶다는 꿈을 이루기 위해, 혹은 여행을 즐기기 위해, 삶을 재정비하기 위해서 잠시 여유로운 시간을 가질 수도 있을 겁니다.

★

지금보다 일하는 시간을 줄일 수 있습니까?
북적거리는 도시와 한적한 시골 중 어떤 삶을 선호하나요?
도시의 삶에서 누리는 행복과 시골의 삶에서 누리는 행복은 어떻게 다릅니까?
현재의 주거지를 다른 곳으로 옮긴다면 어떤 이점이 있을까요?
변화를 위해서는 힘든 일을 각오해야 합니다.
삶의 방식을 변화시키기 위해 어떤 어려움을 감수해야 할까요?

동료에게 고마움을 표현하라

친절한 말에는 비용이 들지 않지만, 많은 것을 이룰 수 있다.
– 블레즈 파스칼

직장에서 행복과 웰빙을 얼마나 잘 느끼고 있습니까? 잠시 직장 동료들과 여러분의 관계를 떠올려 보세요. 관리자 직급이라면 부하직원들을 떠올리면 됩니다. 직장 내에서의 관계가 여러분과 주변 동료들의 행복에 도움이 되는 편인가요? 긍정적인 분위기의 직장에서는 새로운 직원을 환영하고, 지위고하에 상관없이 존중하는 모습을 보이게 마련입니다. 언제나 웃음소리가 끊이지 않는 공간인 거죠. 직장 동료들끼리 즐거운 시간을 가질 수도 있고 본연의 모습을 자유롭게 표현할 수도 있을 겁니다. 모든 직원들이 자신이 맡은 책임을 다하고 충분한 가치를 누릴 수 있습니다.

직장 동료들과 원만한 관계를 유지하면 조금 힘든 시간이 닥쳐도 순조롭게 헤쳐 나갈 수 있습니다. 유머는 긍정적인 관계를 강화시키고 직장 내의 스트레스와 불안감을 떨치는 탁월한 방법이 될 수 있습니다. 물론 여러분이 직면하게 되는 골치 아픈 문제들도 쉽게 해결할 수 있도록 해줄 테고요.

매 순간 즐거움을 누리는 것이 무엇보다 중요합니다. 일정하게 열리는 회의를 긍정적이고 생산적으로 만들어 나가세요. 가능하다면 직장 분위기를 즐겁게 만들어 가려고 노력하는 것이 좋습니다. 어떤 직장의 경우, 매년 중국 설 명절마다 종이로 만든 전등을 사무실에 걸어놓고 중국식 만두 얌차(편집자 주: 과자류 차로 이루어진 간단한 식사)로 점심을 먹으며 즐거운 명절을 보내기도 한다는군요.

　행복한 직장에서는 서로를 지지하고 감사함을 표현합니다. 이런 방법도 좋겠죠. 회사에서 동료를 만날 때마다 그 사람의 장점을 칭찬해 주는 겁니다. 이는 상대방에게 기분 좋은 날을 선사할 뿐만 아니라, 여러분의 기분까지도 즐겁게 만들어 줄 것입니다.

★

직장 동료들에게 고마운 마음을 어떤 식으로 표현합니까?
어려운 시기가 닥쳤을 때, 어떻게 견뎌냈나요?
동료의 웰빙을 기원한다는 점을 어떤 식으로 표현하는 편입니까?
직장 내에서 동료들과의 관계를 어떻게 개선할 수 있을까요?
그 관계가 개선되었다는 것을 어떻게 느낄 수 있습니까?
직장 동료 간의 관계가 개선되면 무엇이 달라질까요?

자신이 가진 장점에 집중하라

인간은 고유한 가치를 지닌 존재이다.

– 바이스텍 신부

 직장 상사 혹은 동료들이 말하는 여러분의 뛰어난 업무 능력은 무엇입니까? 직장에서 일 처리를 잘했을 경우, 어떤 신호를 감지하나요? 이러한 신호들을 계속 유지하기 위해 어떤 노력을 합니까? 어떻게 하면 그 능력을 계속 이어나갈 수 있을까요?

 능력 있는 관리자는 팀원들이 개선을 위한 목표를 인지할 수 있도록 도움을 줍니다. 팀원들이 주어진 작업을 계속 하는 동안, 곁에서 지원과 피드백, 그리고 용기를 주기 위해 노력합니다.

 제가 함께 일했던 최고의 관리자들은 작업이 수월하게 진행되고 있는지에 초점을 맞추고 팀원들의 노고를 치하하는 것을 빼놓지 않았습니다. 또한 팀원의 잘못된 행동을 딱 꼬집어서 지적하지 않으려고 애썼습니다. 그러한 지적이 즉시 작업의 효율을 높이거나 생산성에 영향을 주기 어렵기 때문입니다.

 여러분이 팀을 이루어 작업을 하게 된다면 동료의 잘못된 점에 집중하기보다는 잘한 점을 칭찬하려고 노력해야 합니다. 만약 관리자의 역할이라면 팀을 도와 더 좋은 결실을 이뤄낼 수 있도록 집중하는 것이 중요하겠죠. 관리자라면 팀원들의 약한 점을 부각하기보다는 강점을 끌어내어 더 훌륭한 성과를 이룰 수 있도록 이끌어야 합니다. 그런 과정을 거친 다면 팀원 모두가 행복하게 참여할 수 있을 테니까요.

★

당신의 비전을 이루는 데 있어서 현재 팀원들의 가장 좋은 점은
무엇이라고 생각합니까?
직장에서 일을 수월하게 처리하는 데 도움을 주는 특별한 시스템이나
관행이 있나요?
당신의 직장은 어떤 면에서 특별합니까?
당신이 속한 팀이 가장 잘하는 것은 무엇인가요?
동료들이 가진 특별한 기술과 장점을 어떻게 끌어낼 수 있을까요?

비전을 공유하라

어떤 사람은 이미 존재하는 것을 보고도 "왜?" 라고 묻지만
나는 아직 존재하지 않는 것을 꿈꾸면서 "안 될 게 뭐 있어?" 라고 묻는다.

– 조지 버나드 쇼

뚜렷한 목표는 방향성과 목적의식을 불어넣어 줍니다. 여러분의 직장이 어떻게 발전할 수 있는지에 대한 뚜렷한 비전을 갖게 되면 더욱 확신을 가지고 일할 수 있습니다. 목표는 낙관적인 사고를 가능케 하니까요.

여러분의 비전을 현실로 만들기 위해서는 어떻게 해야 할까요? 분명 고난과 희생이 필요할 것입니다. 나아가 팀원 모두가 목표를 이루기 위해서 끝없이 헌신해야 합니다. 릴레이 경주를 한다고 가정해 봅시다. 만약 팀원 중 한 명만 금메달을 따고 싶어 한다면, 그 팀이 메달을 딸 확률은 얼마나 될까요? 달리기 주자 중 하나가 달리기 말고 수영을 하고 싶다고 생각한다면 어떨까요?

확신을 가지고 목표를 설정하고 최선을 다해야 합니다. 직장에서 설정하게 될 목표는 팀원들 모두의 능력과 요구, 기술과 동기를 빠짐없이 고려한 것이어야 하며 다함께 힘을 합쳐 주어진 비전을 향해 노력해야 합니다.

만약 관리자 역할을 맡았다면, 팀원들의 경험과 아이디어를 골고루 끌어내어 공동의 비전을 제시해야 합니다. 평소 과묵하고 말이 없는 직원의 머리에서 가장 기발한 아이디어가 나오는 경우가 종종 있으니까요. 관리자가 아니라면 기존의 업무에서 보여주지 못했던 뛰어난 능력을 보여줄 수 있는

좋은 기회로 삼을 수 있을 겁니다. 여러분이 일하는 직장을 발전시키는데 기여하고 팀원들과 함께 시간과 에너지를 쏟아보도록 하세요.

★

업무를 개선하기 위해 어떻게 헌신하고 있습니까?
당신의 팀이 더욱 강해졌다는 것을 어떻게 느낄 수 있을까요?
그로 인해 어떤 점이 달라질 것 같습니까?
더욱 개선된 업무를 할 수 있는 가능성이 얼마나 될까요?
어떻게 하면 동료들이 최대한 실력 발휘를 할 수 있도록 도울 수 있을까요?
당신이 정말 이루고 싶은 최종 목표는 무엇입니까?

• *Creative Challenge* •

앞으로 5년 후, 여러분의 직장이 어떤 모습으로 발전할지에 대한 초안을 작성해 보세요. 원고에는 다음의 내용들이 포함되어야 합니다. 우리 직장이 예전에 비해 어떻게 달라졌는지? 직장 동료들이 본인을 어떻게 평가하는지? 직원들과 고객, 그리고 일반인들의 평가는 어떠한지? 되도록 구체적으로 사람들과 동료들이 실제로 말한 내용을 담아 보세요. 새로운 상품과 서비스 그리고 작업 과정에 대한 명확한 기술도 반드시 포함되어야 합니다.

• 나의 직장에 헌신하기 위한 약속 •

지금 나의 직장에서 수월하게 진행되는 일 :

현재보다 개선된 직장 생활을 위한 나의 목표 :

과거에 직장 생활에 도움이 되었던 것 :

그 외에 나를 지지하고 응원해 줄 수 있는 것 :

나의 직장 생활을 현명하게 하기 위한 방법 :

다음으로 도전할 단계 :

인간관계를 맺어라

아주 길게 한숨을 내쉬며 그가 말했다.
"푸가 함께 있었으면 좋았을 텐데. 하나보단 둘이 훨씬 다정하잖아."

– A. A. 밀른 _곰돌이 푸우 중에서

잠시 눈을 감고, 다른 사람들과 함께 있지 않았을 때, 가장 행복했던 순간을 세 가지를 떠올려 보도록 하세요. 쉽게 떠오르지 않죠?

원만한 인간관계는 여러분의 웰빙과 행복에 필수적인 요소입니다. 연구에 따르면 정기적으로 친구와 친지, 이웃을 만나는 사람이 그렇지 않은 사람보다 더 행복하다고 합니다. 또한 그저 사교적인 잡담이나 하는 사람보다 의미 있는 대화를 나누는 사람들이 더욱 행복하다는군요. 인간은 사회적 동물입니다. 누군가를 사랑하고 또 사랑받아야 하는 존재라는 거죠.

대부분의 사람들에게 결혼은 일생일대의 사건이며 엄청난 행복을 안겨주는 일입니다. 삶의 만족도 역시 결혼 전후에 최고조에 이르게 되며 대부분 결혼 전보다 결혼 후의 행복의 수치가 더 높은 상태로 유지된다고 합니다. 결혼을 하고 나면 재정적인 안정감을 느낄 수 있고 생활비도 부부가 나눠서 부담할 수 있기 때문이죠. 결혼을 한 부부는 신체적 · 정신적으로 더욱 건강하고 약물 중독이나 알코올 중독이 될 확률도 낮으며 수명도 더 길어진다고 합니다. 결혼이란 새로운 관계의 시작으로 신뢰와 동료애를 바탕으로 하며 반려자의 행복은 유기적이어서 부부 중 한 사람이 행복하면 상대방도 행복할 여지가 높아집니다. 결혼 생활 중 부부가 공평하게 행복을 누리는 것 또한 안정감의 측면에서 중요합니다.

결혼한 부부가 행복을 느끼기 위해서는 반드시 두 사람의 관계가 원만해야 가능합니다. 부부생활의 질이 낮은 경우는 서로 별거했을 때 더욱 행복함을 느낀다고 합니다. 그리고 불행한 결혼 생활을 하는 부부보다 싱글이 훨씬 더 행복함을 느끼게 되죠.

여러분이 미혼이건 기혼이건, 사회적으로 원만한 관계를 이루어야만 행복할 수 있습니다. 꼭 결혼을 하지 않더라도 사회적이고 문화적인 이벤트에 참여하거나, 스포츠 혹은 자원봉사 활동에 참여하는 것도 좋은 방법입니다. 사람들과 더 자주 교류하고 타인의 웰빙을 신경 쓸수록 자신의 웰빙 역시 강화될 수 있다는 점을 명심하세요. 긍정적인 인간관계를 쌓기 위해서는 부단한 노력이 필요하지만, 다른 사람들과 어울리는 것은 삶의 질을 높여 줍니다.

달라이 라마는 우리 모두 서로에게 의지하면서 살아간다는 점을 일깨워 주었습니다. 바비인형과 아이들의 관계 역시 자신감과 발전을 주는 부모와 양육자의 역할처럼 서로 의존적이라고 볼 수 있습니다. 아이들은 교사로부터 따뜻한 보살핌을 받을 때 학교생활에 더욱 애착을 느낄 수 있습니다. 따뜻하고 자애로운 태도의 의사들은 환자들의 치료 의지에 큰 영향을 미칠 수 있습니다. 일상생활 중에서도 여러분에게 관심과 기쁨을 주는 사람들은 더욱 쉽게 친한 친구가 될 수 있습니다.

사랑과 연민은 우리 행복의 본질이며 핵심입니다. 인간관계를 위해 아낌없이 투자하고 다른 사람과 소통하기 위해 시간을 할애하세요. 부드러운 미소를 지으며 인사를 나누세요. 타인에 대한 믿음을 가지고 그 사람의 장점을 보기 위해 노력해야 합니다.

★

당신의 인생에서 행복을 만들고 유지하는데 인간관계가 어떠한 역할을 합니까?
어떻게 하면 지금보다 인간관계의 질을 더욱 높일 수 있을까요?

• Creative Challenge •

당신과 당신의 인간관계를 상징화시킨 그림을 그려보세요. 종이 가운데 자신을 나타내
는 작은 동그라미를 그려봅니다. 그리고 주변에 더 큰 동그라미를 여러 개 그립니다. 인
생에서 가장 중요한 사람들을 동그라미 속에 하나씩 그려봅니다. 서로 친밀한 관계일수
록 가까운 동그라미에 위치하면 되겠죠. 이제 그림 속 동그라미들을 보며, 주변 사람들
과의 친밀도를 확인해 보세요.

- 당신과 동그라미 속의 주인공들과의 관계를 어떻게 표현할 수 있을까요?
- 동그라미 속에 있는 사람들이 당신의 행복에 어떤 영향을 줍니까?
- 인간관계에서 가장 중요시하는 것이 무엇인지 그림을 통해 느낄 수 있나요?

서로를 존중하라

따뜻한 미소는 친절함을 표현하는 세계 공통의 언어이다.
- 윌리엄 아서 워드

존경심은 건강한 인간관계의 밑거름과 같습니다. 서로를 존중하는 관계에서 여러분은 본연의 모습을 표현하고 함께 즐거움을 느낄 수 있습니다. 서로 의견이나 관심사가 달라도 상관없고 여가 시간을 전부 할애할 필요도 없습니다. 서로를 존중하는 관계에서는 내가 원치 않는 일에 'No'라고 과감하게 말할 수 있습니다. 여러분이 원할 때, 친구와 가족을 만날 수 있고 자신의 의견과 신념을 자유롭게 표현할 수 있으며, 자유로운 선택이 가능합니다. 나를 존중하는 사람과 함께 있을 때는 누구나 안정감을 느끼게 마련입니다.

서로 존중하는 관계에서는 소통이 자유롭고 서로 신뢰할 수 있으며, 서로의 동의하에 결정을 내릴 수 있습니다. 우리네 인생처럼 사랑 또한 갈등 없이는 존재할 수 없습니다. 하지만 서로 존중하는 관계라면 갈등이 생기고 생각이 다를지라도 두 사람 모두 인정할 수 있는 방향으로 문제를 해결하기 위해 노력합니다. 서로의 말을 귀담아 듣고 적정한 선에서 합의점을 찾고, 사과할 일은 사과하면서 대화로 문제를 해결할 수 있습니다. 이를 위해서는 각자 자신의 잘못을 인정하고 본인이 생각하고 느끼고 행동한 것에 대한 책임을 져야 합니다.

부부 사이에서는 서로를 더욱 아끼고 미래 지향적인 태도를 보이는 것으로 상대에 대한 사랑을 표현할 수 있습니다. 반려자의 심정을 헤아리고 제일 바람직한 방안을 모색할 수도 있습니다. 그래서 "사랑해"라는 말 뒤에는 반드시 애정이 담긴 행동이 뒷받침되어야 합니다.

서로 존중하는 관계에서 무엇보다 중요한 것은 스스로 존중받고 있다는 것을 느낄 수 있어야 한다는 점입니다. 만약 반려자가 여러분을 존중하지 않는다고 가정해 봅시다. 자기 마음대로 일이 되지 않는다고 원망하거나 여러분의 생각을 무시해 버릴 수도 있을 겁니다. 그럴 때는 스스로의 장점을 떠올리고 여러분에게 자신감을 불어넣어 주는 사람들로부터 지원을 받아야 합니다. 그리고 스스로에게 자문해 보세요. 지금의 관계를 벗어나면 내가 더 행복해지고 안정감을 느낄 수 있을까? 만약 내 친구가 나와 같은 상황에 처한다면 뭐라고 조언할까? 이런 질문을 던져보는 것이 중요합니다. 누구나 존중받고 안정감을 느낄 만한 자격을 가지고 있으니까요.

★

지금의 인간관계 속에서 만족할 만한 자존감을 느끼고 있습니까?
인간관계에서 가장 얻고 싶은 것이 무엇인가요?
반대로 가장 피하고 싶은 것은 뭔가요?
주변 사람들이 당신을 존중할 때, 어떻게 행동합니까?
반대로 당신은 주변 사람들을 존중한다는 것을 어떤 식으로 표현하나요?

연애세포를 깨워라

우리에게 사랑하는 사람을 생각하는 것은
기쁨을 제조하는 최고의 조미료이다.

– 몰리에르

로맨틱한 관계는 여러분에게 최고의 기쁨과 동시에 최악의 고난을 느끼게 합니다. 사랑이란 상처받을 것을 각오하는 일이기도 하니까요. 하지만 거절당할 것이 두려워 피하는 데만 급급하다 보면 사랑을 놓치게 됩니다. 많은 사람들이 동의하고 공감하는 부분은 사랑이란 실패를 각오할 만큼 가치 있다는 것입니다. 풍요롭고 아름다운 인생을 살고 싶다면, 사랑할 수 있을 때 아낌없이 사랑하세요.

잠시 여유를 내어 로맨틱한 관계를 강화해주는 것이 무엇인지 그리고 여러분이 그 관계에서 가장 소중히 생각하는 것이 무엇인지 생각해 봅시다. 여러분이 사랑하는 사람에게 가장 고마워하는 것과 감사하게 생각하는 것이 무엇인가요? 반대로 상대방은 여러분의 어떤 점을 고마워하고 감사해 합니까?

서로에 대한 사랑을 어떤 식으로 표현하는지도 고려해 봐야 합니다. 서로 칭찬을 하나요? 서로를 위해 뭔가를 해줍니까? 아니면 선물이나 신체적 접촉을 통해 애정을 표현하거나 함께 시간을 보내는 것으로 대신합니까? 서로에 대한 애정을 표현하는 방식이 서로 같은가요, 아니면 다른가요? 서로가 원하는 부분을 어떻게 충족시켜 주고 있습니까?

평소와 다른 방식으로 소통을 해보는 것도 좋습니다. 문자 메시지, 전화, 이메일 혹은 짧은 메모를 남겨보면 어떨까요? 아니면 구식이지만 로맨틱하게 손 글씨로 편지를 보내보는 것도 좋습니다. 상대방에게서 손 편지를 받았다면 예쁜 리본에 묶어서 특별한 장소에 보관해 두세요. 나중에 소중한 기념품이 될 테니까요. 특별한 날이 아니더라도 예쁜 꽃이나 맛있는 간식을 선물하는 것도 상대를 즐겁게 해줄 수 있습니다.

사랑하는 사람과 함께 즐거운 시간을 보내도록 하세요. 외출도 하고 특별한 음식을 만들고 잠시 산책을 즐겨보는 것도 좋겠죠. 시간이 날 때마다 새롭고 흥미진진한 일을 시도해 보는 것도 두 사람의 관계를 신선하게 만드는 데 도움이 됩니다.

서로 친밀함을 느끼고 성적으로 만족한 관계를 이어가는 것도 굉장히 중요합니다. 이는 인생에서 가장 큰 즐거움을 가져다주기도 합니다. 특히 상대방에 대한 애정을 육체적인 접촉을 통해 표현하기를 좋아하는 사람들에게는 매우 중요한 부분입니다.

여러분의 연애세포가 살아 숨 쉬도록 하세요. 사랑하는 사람의 어떤 부분에 대해 고맙게 생각하는지 솔직히 말하면 상대도 귀담아 들을 테니까요. 긍정적인 언어를 사용하고 상대에 어떤 점이 마음에 드는지 정확히 전달하세요. 서로의 눈을 보며 대화를 나누도록 합니다. 여러분의 연애세포를 깨워주는 것은 무엇인가요?

★

사랑하는 사람과의 관계에 행복을 주는 것은 무엇인가요?
무엇을 함께 할 때 가장 즐겁습니까?
처음 서로에게 매력을 느꼈던 부분은 무언가요?
힘든 시간을 함께 이겨내는 데 도움이 되었던 것은 무엇입니까?
사랑하는 사람과의 관계를 굳건히 하기 위해
어떤 점을 계속 기억하는 것이 좋을까요?
어떤 식으로 친밀감을 강화시킵니까?

좋은 사람들과 함께 하라

우리를 행복하게 해주는 사람들에게 감사하라.
그들은 우리 영혼에 꽃을 피우는 정원사이다.

– 마르셀 프루스트

친구들과의 관계는 말로 형언할 수 없는 행복을 줍니다. 값진 우정은 소속감과 즐거움, 영감과 든든한 지원군이 있다는 기분을 느끼게 해주죠. 때로는 서로 같은 관심사와 가치, 좋아하는 것과 싫어하는 것을 친구와 공유하기도 합니다. 반대로 서로 반대의 성향을 가졌지만 함께 있을 때 엄청난 시너지 효과를 내는 경우도 있습니다. 어떤 사람들에게 친구는 가족만큼 혹은 그보다 훨씬 더 소중한 존재입니다.

소셜 네트워크를 조사한 바에 따르면, 행복이란 사람에서 사람으로 퍼져나가는 것이며 행복은 사회적 관계 속에서 싹 튼다고 합니다. 행복한 사람들 사이에 있으면 스스로 행복해질 수 있는 확률이 높습니다. 결국 우리의 행복은 주변 사람들의 행복에 좌우된다고 할 수 있겠네요.

좋은 사람들과 함께 시간을 보내고, 커피를 마시고, 친구들과 저녁을 먹고 게임을 하고 대화를 나누는 것 모두가 인생에서 즐거움을 누릴 수 있는 단순한 방법이 될 수 있습니다. 조금 다른 방식으로 함께 시간을 보내는 것도 좋습니다. 운동 강도를 높이기 위해 친구와 함께 산책을 하며 건강한 습관을 키워가는 것도 나쁘지 않겠죠. 함께 봉사활동을 하거나 새로운 스포츠 혹은 취미생활을 시작해 보는 것도 좋습니다. 좋은 친구와 함께 새로운 것을 시도한다면 두려움도 훨씬 덜 할 테니까요.

담배를 끊거나 다이어트를 해서 삶을 변화시키고 싶은가요? 연구 결과에 따르면, 체중이 많이 나가는 사람은 자신처럼 체중이 많이 나가는 사람과 어울리기를 좋아하고, 담배를 피우는 사람은 흡연하는 사람과 친해질 확률이 높다고 합니다. 그래서 비슷한 생활습관을 가진 사람들끼리 친구가 되는 것입니다. 결국 비슷한 습관을 가진 사람들과 어울리다 보면 나쁜 습관을 고치기가 더욱 힘들어질 수밖에 없겠죠. 반대로 새로운 모임에 나가서 새 친구를 사귀면 생활습관을 바꾸는 데 큰 도움이 될 겁니다. 그게 아니면, 이전과 달라진 삶을 살기 위해서 주변 친구들에게 도움을 구할 수도 있습니다. 비록 친구들은 동참하지 못할지라도 말입니다.

우정을 이어가기 위해서는 관심이 필요합니다. 친구를 소중히 여기고 가능한 자주 만나도록 하세요. 소소하게나마 친구에 대한 애정을 표현하고 그들이 얼마나 중요한 존재인지 느낄 수 있도록 해야 합니다. 여러분은 다시 연락하고 싶은 친구가 있습니까?

★

당신과 가장 가까운 친구들의 어떤 부분을 높이 평가합니까?
그런 마음을 상대에게 어떻게 표현하나요?
친구들과의 관계가 당신에게 어떤 변화를 가져왔습니까?
친구들은 당신의 어떤 부분을 높이 평가합니까?
평소 친구들에게 어떤 도움을 주고, 또 어떤 도움을 받습니까?

매년 연말, 여러분이 주변 사람들에게 혹시 잘못한 부분이 있다고 생각되는 부분을 적고 앞으로 이를 고치겠다는 결심을 글로 옮겨 보세요. 그리고 친구들에게 평소 고맙게 생각하는 부분을 전하세요.

행복이란
사람에서 사람으로 퍼져나가는 것이다.
그러므로 행복은
사회적 관계 속에서 싹이 튼다.

가족의 전통을 지켜라

항상 가슴속에 사랑을 간직하라.
누군가를 사랑하고 사랑받는다는 것은
그 무엇도 줄 수 없는 따뜻함과 풍요를 가져다준다.
– 오스카 와일드

가족은 소중합니다. 여러분이 인생을 살아가면서 가장 가까이서 보고 만나게 되는 사람들이 바로 가족이니까요. 게다가 서로 가장 오래 알고 지냈고, 누구보다 서로를 잘 아는 사람들이기도 합니다. 가족 간의 끈끈함과 소속감은 우리 인생에서 가장 중요한 부분을 차지합니다. 가족의 자랑거리라는 말은 대부분 사람들에게 최고의 찬사이기도 합니다.

물론 언제나 그런 것은 아닙니다. 어떤 사람들은 가족 간에 적당한 거리를 유지하는 것이 오히려 행복이 될 수도 있으니까요. 공감하고 용서하고 인내하고 이해하는 법을 배우는 것이 바로 인생을 행복하게 살 수 있는 열쇠입니다. 자신과 피를 나눈 가족들이 완벽한 가족을 이루지 못하고 사는 경우가 많이 있습니다. 이러한 가족 역시도 자신의 선택과 주변 사람들과의 관계 속에서 서로를 돌보고 지지하고 도우면서 살아갑니다.

가족과의 유대가 깊어지면 자신의 근본에 대한 자부심을 느끼게 됩니다. 가족들은 서로의 경험을 공유하고 역사를 나누고 대대로 가족만의 전통을 이어나가곤 합니다. 또한 의식과 습관을 공유하고 '어떻게 성공할 수 있는지'에 대한 공통적인 인식을 가집니다. 가족들은 대부분 비슷한 가치와 공통된 기술, 그리고 재능을 가지고 살아갑니다. 그래서 오랜 세월 떨어져 지냈다고 해도 다시 가족을 찾아서 다시 어우러져 살아갈 수 있는 것이고요.

하지만 가족을 이루고 산다는 것이 쉬운 일만은 아닙니다. 우리가 가족을 선택할 수는 없지만 가족들과의 관계는 얼마든지 만들어갈 수 있습니다. 결과적으로 가족이 기쁨의 근원이 되느냐 아니면 고통의 근원이 되느냐는 여러분이 가족들과 어떤 관계를 선택하느냐에 달린 거죠. 가능하다면 가족들과 평화로운 관계를 유지하고 가족과 전통을 소중히 아낄 수 있는 방법을 찾아보세요.

★

당신의 가족들이 가진 최고의 가치는 무엇입니까?
그런 가치를 어떤 식으로 만들어 가고 있나요?
가족들과 무엇을 할 때 가장 즐겁습니까?
가족들이 함께 공유하고 기뻐하는 특별한 추억이 있습니까?

• Inspiring Idea •

가족들이 모두 볼 수 있는 곳에 '칭찬 상자'를 만들어 보세요. 매주 주말이 되면 상자를 열어, 가족들을 칭찬한 메모를 꺼내어 주인공에게 건네주고 간직할 수 있도록 합니다.

자녀를 사랑하고 존중하라

사랑받는 그 누가 가난하리오?
-오스카 와일드

아이들을 사랑으로 돌본다는 것은 매우 힘든 일입니다. 그만큼 힘든 일이라 아이들을 돌보는 것이 행복에 기여하지 않는 거라고 생각하게 되는지도 모르겠습니다. 어린 자녀가 있는 여성의 경우 그렇지 않은 경우보다 가사노동이 3시간 정도 늘고, 상대적으로 여가시간은 줄어 더욱 그럴 수 있습니다. 또한 아이를 낳는다고 해서 반드시 더 행복한 삶을 사는 것은 아닙니다. 자녀를 양육하면서 느낄 수 있는 행복의 수치는 자녀의 나이와 타고난 기질, 양육을 맡은 부모의 자질, 그리고 부모가 얼마나 자녀들과 함께 즐거운 시간을 보낼 수 있는가에 따라서 달라질 테니까요.

부모는 자녀의 웰빙과 행복에 엄청날 정도로 많은 영향을 미칩니다. 아이들은 다른 사람과 소통을 하면서 자신감을 키워나갑니다. 칭찬을 받으며 자란 아이는 자신감과 사랑을 충분히 느낄 수 있습니다. 부모에게 가장 큰 행복은 아마도 자녀들이 행복한 인생을 살 수 있도록 좋은 출발점을 만들어 주었다는 자긍심을 느낄 때가 아닌가 싶습니다.

아이들이 집안일에 참여하게 만드는 것도 삶의 요령을 배울 수 있도록 만드는 기회가 될 수 있습니다. 함께 일을 하면서 아이들과 시간을 보내고 대화를 할 수 있는 좋은 기회도 생깁니다. 자녀들과 함께 놀이를 즐길 때는 아이들이 원하는 대로 따라가 주고, 새로운 것을 가르쳐야 할 때에는 아이들이 잘 따라올 수 있도록 하는 것도 바람직한 양육 방법이 될 수 있습니다.

　편식이 심한 아이라면 함께 음식을 하고 요리를 만들며 즐거움을 느끼도록 하는 것도 좋습니다. 휘젓기, 쌓기, 겹치기 등 유치원에 다니는 아이들이 쉽게 할 수 있는 기술을 가르쳐 보세요. 아이들을 시켜 다양한 허브 잎을 따면서 서로 다른 향을 구분하도록 할 수도 있습니다. 물을 절약하는 방법을 가르치기 위해, 과일과 채소를 씻어보도록 하는 것도 좋겠죠. 숫자 공부를 위해 재료를 계량하고 섞는 것을 가르치고, 배열하는 법을 익힐 수 있도록 피자 위에 재료를 정리하도록 하고, 언어감각을 익히기 위해 알파벳 모양의 과자를 넣은 수프를 먹으며 게임을 즐기는 것도 좋습니다. 각종 야채를 섞으면서 조화력을 키우고 으깬 감자로 눈사람을 만들고, 여러 가지 채소로 얼굴과 팔, 그리고 모자를 만들어 보세요. 혹시 모릅니다. 그렇게 재미를 붙여 아이들이 커서 부모님 대신 요리를 하겠다고 나설 수도 있겠죠!

　한밤중에 소리를 지르며 잠에서 깨어 보채는 아이를 보면, 아이를 키우는 것이 행복의 근원이라는 말이 믿기지 않을 수도 있겠죠. 하지만 잠시 후 방긋거리며 웃는 아이의 미소를 보면 가슴이 녹아내리고 세상을 가진 것처럼 행복해질 수 있을 겁니다.

★

부모가 되고 나서 가장 좋은 점은 무엇인가요?
자녀들의 어떤 면을 볼 때 부모로서 자부심을 느낍니까?
자녀들에게 바라는 점이 있다면 무엇인가요?
앞으로 자녀들과 무엇을 하고 싶은가요?

긍정적인 부모가 되라

가끔씩 아이들이 부모를 제자리로 돌아가게 한다고
그리 탓할 일만은 아니다.

- 콜레트

　자신감은 부모가 자식에게 줄 수 있는 가장 소중한 자산입니다. 아이들은 부모로부터 존중받고 자신의 존재가 소중히 다뤄질 때, 이러한 자신감을 키울 수 있습니다. 아이들에게 중요한 결정을 해야 하는 순간, 자신의 의견을 표현하고 아이디어를 내고 스스로 선택할 수 있도록 기회를 주도록 하세요. 이를 통해 아이들은 자신 안에 내재된 가치를 느낄 수 있게 됩니다. 결과적으로 아이들이 스스로 자부심과 자신감을 키울 수 있겠죠. 자부심이란 주변 사람들에게 자신의 결정이 얼마나 존중받는지 깨달을 때, 자연스럽게 느낄 수 있는 것입니다.

　하지만 자녀에게 건강한 자부심을 가지도록 하려면, 적정한 선과 규율을 지키도록 훈육하는 것과 동시에 이뤄져야 합니다. 그렇다고 아이들에게 엄한 벌을 주라는 뜻은 아닙니다. 이상적인 훈육은 아이들을 다그치는 것이 아니라 함께 대화를 나누는 것에서 시작되는 것이니까요. 아이들의 이야기에 귀 기울이고 꾸준하고 명확하게 의사소통을 하고 좋은 습관을 키울 수 있도록 모범을 보이는 것에서부터 시작됩니다. 부모를 통해 아이들은 배웁니다. 부모로부터 옳고 그름을 깨우치기도 합니다. 그러니 부모로서 아이들에게 가르치고 싶은 대로 행동하는 것이 중요합니다.

만약 아이들이 잘못했다고 손찌검을 한다면, 나중에 자기 마음에 들지 않는 행동을 하는 사람을 보면 똑같이 때려도 괜찮을 거라고 생각하기 쉬울 테니까요.

십대의 자녀를 둔 부모들은 아이들 덕분에 에너지를 얻고 삶의 활력을 느낄 수 있다고 말합니다. 청소년기에 접어든 아이들은 부모에게 좋은 친구가 될 수 있고 점점 어른이 되어가는 모습을 보며 부모로서 뿌듯함도 느낄 수 있게 됩니다. 그럼에도 불구하고 십대 아이들을 키우는 것이 쉽다고 느끼는 부모는 거의 없습니다.

사춘기 자녀들을 둔 부모들은 매사에 불만으로 가득 차 있는 아이들을 대하는 것이 가장 어렵다고 하는데요. 이제 부모가 된 여러분들도 십대 시절에는 자신이 옳다고 생각하며 앵돌아진 행동을 했던 것이 떠올라서 후회하지는 않나요?

십대의 자녀들을 긍정적으로 훈육하기 위해서는 사춘기에 접어든 자녀들이 원하는 자신만의 공간을 존중하고 항상 소통의 장을 열어두는 것이 중요합니다. 만약 자녀들이 원하면 자신만의 시간을 가질 수 있도록 배려해 주세요. 주말에 저녁 식사가 끝나고 나서 친구들과 스포츠를 즐기거나 드라마를 즐길 수 있도록 합니다. 뭔가 필요한 것이 생겼을 때, 부모에게 자유롭게 얘기할 수 있다는 것을 알리는 것이 중요합니다. 하지만, 그런 말을 꺼내지 않을 수도 있다는 점을 기억해 두세요.

십대라고 해서 반드시 부모와 갈등을 겪어야 하는 것은 아닙니다. 사사건건 트집을 잡기보다는 중요한 문제가 생겼을 때만 논쟁을 벌이도록 하세요. 대부분 부모들은 자녀를 사랑하더라도, 십대 특유의 반항적인 태도를 반기지는 않습니다. 그럴 때마다 그것도 자녀들이 성장하는 과정의 일부라고 생각하세요. 그맘때에는 호르몬이 넘쳐나서 아이들도 갈피를

못 잡는 것뿐이니까요!

　가장 중요한 것은 평정심을 유지하고 자신만의 시간을 가지도록 노력해야 한다는 것입니다.

★

부모로서 어떤 점을 잘하고 있다고 생각합니까?

아이들과 함께 있을 때, 언제 가장 행복하다고 느끼고 어떤 모습인가요?

아이들에게 어떤 부모가 되고 싶습니까?

반대로 아이들이 어떻게 행동하기를 원하나요?

반려동물을 키워라

동물의 눈에는 위대한 언어를 말하는 힘이 있다.
- 마틴 부버

    반려동물을 키운다는 것은 굉장히 보람 있는 일입니다. 퇴근하고 집에 돌아왔을 때 자신을 격렬하게 반겨주는 강아지, 부드러운 털로 다리를 감싸는 고양이를 통해 내가 얼마나 소중하고 필요한 존재인지를 느끼게 해주니까요. 반려동물을 키우면 이웃과 사회적인 소통을 할 수 있는 기회도 생기고 외로움이나 고립감으로부터 벗어날 확률도 커집니다. 많은 사람들이 자신이 반려동물로부터 무조건적인 사랑을 받으며 큰 행복을 느낀다고 말하기 때문입니다.

    반려동물과 함께하면 힘든 시기도 잘 이겨낼 수 있습니다. 반려동물은 우리의 일상에 활력을 불어넣어 줄 수 있으며 스트레스를 날려버리게 도울 수도 있습니다. 또한 키우고 돌보면서 사랑을 주는 기쁨과 생명에 대한 책임감도 느끼게 해주어 우리의 삶을 다채롭게 만들기도 합니다.

    자녀들로 하여금 동물을 키우면서 느낄 수 있는 기쁨을 경험하고 또 다른 생명을 돌보는 방법을 가르치기 위해서 반려동물을 키우는 가정도 많이 있습니다. 자녀들을 위해 반려동물을 키울 생각이라면 먼저 가족의 생활습관이 어떠한지를 고려해봐야 합니다. 어떤 강아지들은 매일 밖에 데리고 나가 산책을 시켜야 하지만 어떤 강아지들은 실내에만 두어도 별 문제가 되지 않습니다. 어떤 고양이는 새를 쫓아다니고 밖으로 돌아다니는 것을 좋아하는데, 그런 고양이를 키우게 되면 자칫 가족들이 힘들어질 수 있습니다.

반려동물을 가족처럼 느끼는 사람도 많습니다. 어떤 면으로는 사람보다 더 깊이 교감하고 진심으로 교류한다는 느낌 때문일 겁니다. 하지만 아무런 망설임 없이 당신이 아끼는 구두와 신발을 잘근잘근 씹어 먹을 수도 있습니다. 그러나 만일 여러분이 유기견을 입양한다면 새로운 친구를 얻는 것뿐만 아니라 죽음에 직면한 생명을 구할 수도 있다는 사실을 명심하세요.

★

반려동물을 통해 당신의 인생이 얼마나 풍요로워졌습니까?
반려동물을 키우면서 느끼는 좋은 점은 무엇인가요?

용서하는 법을 배워라

용서가 과거를 바꿀 수는 없겠지만
미래를 더욱 넓고 풍요롭게 만들어준다.

– 폴 뵈제

　행복해진다는 것은 때로 과거와 화해한다는 것을 의미하기도 합니다. 그러기 위해서 틈이 벌어진 관계를 메우고 여러분에게 몹쓸 짓을 했던 누군가를 용서함으로써 과거를 다독여야 할 수도 있습니다.

　용서는 비단 잊는 것을 뜻하는 것이 아니라 피해의식에서 벗어나는 것을 의미합니다. 누군가를 용서하기로 마음먹었다면 앞으로는 실망과 증오, 후회와 같은 감정들을 떨쳐내고 피해의식에서 벗어나야 합니다. 즉 부정적인 감정을 모두 놓아주어야 한다는 뜻입니다. 그렇다고 해서 나에게 상처를 주었던 상대를 만나거나 연락을 취해야 하는 것은 아닙니다. 그저 마음속으로 상대를 용서하기만 하면 됩니다. 때로는 편지를 쓰는 것이 보내지는 않더라도 묵은 감정을 씻어버리는 데 도움이 될 겁니다.

　지나온 과거를 바꿀 수는 없습니다. 그렇다고 상대방이 원치 않는데 굳이 지나간 일에 대해 책임을 따져 물을 수도 없는 노릇이겠죠. 하지만 과거에 벌어졌던 사건에 대한 우리들의 생각은 바꿀 수 있습니다. 용서는 우리를 과거로부터 자유롭게 해주고 피해의식에서 벗어나 새로운 삶을 영위할 수 있게 만들어 줍니다.

★

더 행복한 미래를 위해서 과거의 묵은 감정들을 솔직하게
고백할 수 있게 만든 것은 무엇입니까?
누구와 얘기하고 싶습니까? 그리고 어떻게 용기를 냈나요?
과거로부터 자유로워진다면 무엇이 달라질까요?
이를 통해 당신은 얼마나 강인한 사람이 되었습니까?

누군가를 용서한다는 것은
잊는 것이 아니라 실망과 증오,
후회와 피해의식에서 벗어나기로
스스로 선택하는 것이다.

지나간 추억을 간직하라

나는 지나간 과거를 사랑하고 현재를 사랑한다.
과거에 했었던 일을 부끄러워하지 않으며
더 이상 나의 것이 아니라고 슬퍼하지도 않는다.

- 콜레트

우정과 사랑 같은 끈끈한 감정들은 우리에게 많은 것들을 가르쳐줍니다. 그 속에는 상실이라는 가르침도 들어 있습니다. 우리 곁을 떠나 저 세상으로 간 사람들과 잃어버린 사랑을 생각하면 가슴이 요동칠 수도 있지만 당시 따뜻하고 다정했던 감정을 불러일으킬 수도 있습니다.

이미 세상을 떠났지만, 추억 속에서 얼마든지 그들과 친밀한 관계를 유지할 수 있습니다. 그 사람들을 떠올리게 만드는 특별한 사건이나 추억이 있나요? 언제 그들과 함께 웃고 즐거운 시간을 함께 보냈나요? 행복한 기억은 항상 곁에서 우리를 응원해줄 수 있습니다. 그것은 살아있는 행복으로 오늘 우리와 함께 숨 쉴 수 있습니다. 어떤 순간들은 절대로 사라지거나 희미해지지 않으니까요. 그러니 여러분이 간직한 소중한 추억을 아끼시기 바랍니다.

★

평소 친했던 사람이 먼저 세상을 떠났을 때, 어떻게 그 사람을 기렸습니까?
그 사람을 통해 배운 소중한 인생의 교훈이 있나요?
만약 그 사람이 살아있다면, 무슨 말을 해주고 싶습니까?

• 나의 소중한 인간관계를 위한 약속 •

지금 나의 가족과 다른 인간관계에서 만족하는 부분 :

현재보다 개선된 인간관계를 위한 나의 목표 :

과거에는 인간관계에 도움이 되었던 것 :

그 외에 나를 지지하고 응원해 줄 수 있는 것 :

나의 인간관계를 현명하게 관리하기 위한 방법 :

다음으로 도전할 단계 :

Domain 8

지역 공동체와 소통하라

지금부터 당신이 만나는 모든 사람이 오늘 밤에 죽을 것처럼 대하라.
내가 가진 모든 친절과 배려를 베풀고 진심으로 이해하라.
그리고 그에 대한 어떠한 대가도 바라지 말라.
앞으로 당신의 인생이 달라질 것이다.

— 오그 만디노

한 사람이 온전한 개인으로 성장하기 위해서는 자유를 가져야 합니다. 자율성을 가지고 외부의 영향력에 휩쓸리지 않고 자신의 가치와 욕망에 따라 행동하는 것은 우리의 웰빙을 위한 중요한 요소입니다. 하지만 자유롭게 나의 미래를 만들어 가는 것이 행복과 직결되어 있다고 해도 공동체에 소속되어 있다는 것, 거기에서 오는 안정감과 친밀감 또한 간과할 수 없는 부분입니다. 연구에 따르면 어떤 공동체에 소속되어 있는 사람들이 그렇지 않은 사람보다 더 많은 지지를 받으며 더 행복하다고 합니다. 반대로 어떤 공동체에도 소속되지 않은 사람들은 점점 고독해지고 우울함을 느끼게 된다고 합니다.

사실 대부분 사람들이 공평하지 않은 인생을 살아갑니다. 매일 밤, 어딘가에서 집을 잃고 떠도는 사람들이 있고 강도를 만나거나 성적으로 폭행을 당하기도 하고 폭행의 위협을 받는 사람도 있습니다. 개인적으로 더 많은 노력을 하는데 비해 건강이 나빠지고 기대수명도 짧아지며 범죄에 노출되기 쉬운 상태로 전락하기도 합니다.

부의 불평등도 점점 심화되고 있습니다. 전 세계적으로 최상위 2퍼센트에 해당하는 부자들이 인구의 절반이 가진 재산보다 더 많은 부를 소유하고 있다고 알려져 있습니다. 평등사회는 신뢰도와 공정함을 높이고 전 세계인들을 더욱 행복하게 만들어 줍니다. 정반대로 표현해도 그 사실은 변치 않습니다. 불평등이 만연할수록 개개인이 느끼는 행복감은 줄어들게 됩니다.

많은 사람들이 가족과 친구들을 정기적으로 교류하면서 언제든 필요할 때, 기댈 곳이 있다고 느낍니다. 또한 반드시 함께 살지 않아도 도움을 청할 수 있고, 위험한 순간에 호의를 베풀어 줄 사람이 있다고 생각합니다. 고맙게도 사람들은 자원봉사 혹은 자선단체에 기부를 하는 형태로 사회 공동체를 위해 아낌없는 나눔을 실천하고 있습니다.

공동체의 일원이 되어 보세요. 시간을 내서 이웃들과 소통해야 합니다. 자원봉사 혹은 기부를 통해 다른 사람에게 도움의 손길을 베푸세요. 타인을 통해 영감을 얻고 스스로 타인에게 영감을 주어 봉사 활동에 참여하도록 이끌어 보세요. 여러분도 이 세상을 더 살기 좋은 곳으로 만드는데 동참해 보세요. 모든 사람들이 안전하고 가치를 느끼며 살아갈 수 있도록 만들어야 합니다. 개개인이 지닌 개별성뿐만 아니라 모든 생명체들을 존중하는 마음을 가지도록 합니다.

★

어떤 부분에서 사회적 가치가 변화하고 있다고 느낍니까?
그에 대해 어떻게 반응하고 있나요?
당신이 가장 중요시하는 가치는 무엇입니까?
본인 스스로를 포함해, 어떤 식으로 다른 사람들에 대한 존중심을 표현하나요?

이웃들과 교류하라

'우분투'의 정신을 갖춘 사람은 마음이 열려 있고
다른 사람을 기꺼이 도우며 다른 사람의 생각을 인정할 줄 압니다.
다른 사람이 유능하다고 해서 위기의식을 느끼지도 않습니다.
자신이 더 큰 집단의 일원일 뿐이라는 것을 알고 있으며
더불어 굳건한 자기 확신을 가지고 있기 때문입니다.
- 데스몬드 투투 대주교

우분투(Ubuntu)란 아프리카어로 '공동체 의식'에 바탕을 둔 인간애를 뜻함.

지역 공동체와 긴밀하게 연관되어 있다고 생각하면 소속감이 생길 수 있으며, 그로 인해 행복지수와 웰빙에도 영향을 미칩니다.

지역 공동체와 가까워질 수 있는 가장 쉬운 방법은 거리나 공원 같은 공공장소에서 시간을 보내는 것인데요. 강아지를 데리고 집 근처로 산책을 가고 아이들과 함께 공원으로 가거나 사람들이 많이 모이는 곳으로 피크닉을 가는 것도 좋습니다. 하루에 한 번, 처음 보는 이웃에게 말을 거는 것을 목표로 삼는 것도 좋겠죠.

지방단체나 지역협회는 지역 공동체에 관련된 이벤트와 행사, 그리고 각종 정보를 얻을 수 있는 최고의 장소입니다. 어떤 이벤트가 열리는지 알아보고 거리행사나 축제, 공동체에서 주최하는 예술 이벤트에 참여해보세요. 동네 도서관, 미술관 그리고 박물관을 찾아다니세요. 근처 해변이나 수영장에 가서 물놀이를 즐겨보는 것도 좋은 방법입니다.

지역 이웃들과 친해질 수 있는 다른 방법으로는 공동체 단체나 모임, 동호회에 가입하는 것이 있습니다. 스포츠 이벤트나 경기에 참여하는 것

도 좋습니다. 주민 센터에서 열리는 수업에 참여해 보는 것도 좋은 방법입니다. 정원 가꾸는 것을 좋아한다면 지역주민들이 가꾸는 정원에 가서 친구를 사귀어 보면 어떨까요?

이웃들과 친해지려고 노력해 보세요. 쇼핑을 하러 나온 이웃들에게 말을 걸고, 버스 정류장에 서 있는 사람들과 대화를 나누세요. 각자 먹을 음식을 챙겨 집으로 오라고 초대를 하거나, 집이 너무 좁다면 근처 공원에서 피크닉을 즐기면서 이웃들과 친해질 자리를 마련해 보는 것도 좋습니다.

집에서 TV만 들여다보는 사람들이 덜 행복하다는 연구 결과를 여러분은 어떻게 느끼시나요? 캐나다에 TV가 처음 소개될 무렵, 한 마을이 다른 곳에 비해 조금 늦게 TV가 전파되었다고 합니다. 덕분에 앞서 소개했던 연구가 이뤄질 수 있었죠. 아무튼 나중에 밝혀진 바로는 TV가 소개되고 나서 사회적 활동이 줄어들었고 공격적 성향이 증가했다고 합니다.

어느 날 밤, 제가 사는 동네에 정전이 된 적이 있었습니다. 덕분에 동네 사람들이 전부 초를 들고 거리로 나와, 평소 얼굴도 알지 못했던 이웃들과 이야기를 나눌 기회가 생겼습니다. 나중에는 기타를 치고 촛불 아래서 서로 담소를 나누면서 시간을 보내게 되었죠. 평소와 다른 방식으로 이웃들과 소통하면서, 아주 즐거운 저녁 시간을 보냈던 것이 기억납니다. 역경이 새로운 기회를 가져온 셈이 된 거죠.

변화를 주도하는 사람이 되어 보세요. 불평만 늘어놓지 말고 지역 사회를 발전시키기 위한 방안을 연구해 보면 어떨까요? 공동체에서 주최되는 이벤트와 포럼에 참석해 봅시다.

문화 행사에 참여해 다양한 공동체를 체험하고 색다른 음식과 이야기, 그리고 관습을 몸소 느껴보세요. 주변 이웃들과 즐기고 소통할 수 있는 시간을 가지는 것이 중요합니다.

★

지역 공동체와 어떤 식으로 교류하고 있습니까?
최근 참여했던 공동체 행사가 있나요? 어떤 행사가 제일 좋았습니까?
주변 이웃들에 대해 잘 알고 있나요?
다른 문화적 배경을 가진 이웃들과 어떤 식으로 소통합니까?

도움의 손길을 내밀어라

행복한 시간은 지금이다. 행복할 장소는 여기이다.
행복의 길은 남들을 행복하게 만드는 데 있다.

- 로버트 잉거솔

다른 사람을 위해 좋은 일을 하면 결과적으로 나에게도 남에게도 득이 됩니다. 연구에 따르면 하루 세 번 남을 위해 좋은 일을 한 사람들이 더 많이 행복감을 느낀다고 합니다. 그리고 행복한 사람들은 그렇지 않은 사람보다 남을 도울 확률이 높아집니다. 도움을 주면 줄수록 기분이 좋아져서 계속 남을 돕고 싶어집니다.

다른 이웃들과 소통하면서 남을 도울 수 있는 방법 중 하나는 자원봉사를 하거나 공익활동에 참여하는 것입니다. 자원봉사를 하는 사람들은 실제로 남을 도운 것보다 훨씬 더 많은 것을 얻었다고 얘기합니다. 많은 연구 결과들은 자원봉사와 같은 활동이 개인의 정신 건강과 삶의 만족도에 긍정적인 변화를 가져다준다는 것을 보여주고 있습니다. 실제적인 사회문제 해결에 도움을 주는 공공의 가치도 있지만 그것을 행한 개인도 크게 도움이 된다는 증거들이 쌓이고 있습니다. 예를 들어 우울증과 같은 정신 건강에 문제가 있던 사람도 적극적인 봉사활동에 참여한 후 그러한 우울감을 떨쳐버리는 경우를 보게 됩니다. 그것은 자원봉사활동을 통해서 자아실현적 욕구를 충족시키게 되고, 사회적 관계를 만들고 유지하게 되며, 주변인으로부터 인정을 받는 존재로 성장해 가는 과정에서 삶의 만족도가 극적으로 커지기 때문입니다.

　도저히 시간을 내기 힘들다고 해도 나눌 수 있는 길은 있습니다. 자선단체에 기부를 할 수도 있겠죠. 몸을 써서 봉사하고 싶다면 자원봉사 단체에 참여해 보세요. 지역에 있는 학교나 스포츠 단체를 찾아가 봉사를 하거나 해외로 가서 봉사를 할 수도 있습니다. 지역발전 위원회에 일원이 되어 정원 가꾸기 등을 통해 노인들에게 도움을 줄 수도 있습니다. 빈곤층에 음식을 배달하고 어린 아이들을 위해 책을 읽어주는 것도 좋습니다. 지역 신문이나 공동체 게시판, 웹사이트나 자원봉사 센터를 통해 얼마든지 봉사할 기회를 얻을 수 있습니다.

　이웃 사람들에게 친절을 베푸는 행동도 엄청나게 가치 있는 일입니다. 다른 사람에게 긍정적인 기운을 불어넣어 주기 때문인데요. 근처에 사는 이웃 중에 지나가는 사람을 보면 큰소리로 "안녕하세요! 정말 미인이세요!" 라고 외치는 사람이 있었습니다. 덕분에 그 소리를 듣는 사람 모두 환하게 웃을 수 있었죠. 비록 신체적·지적으로 뒤쳐져 있는 사람이었지만 남들에게 용기를 불어넣어 준다는 점에서 저 역시 볼 때마다 감탄을 금치 못했는데요. 그 사람은 이웃들의 개를 기꺼이 데리고 다니며 산책을 시켜주고, 근처 해변 청소도 마다하지 않았습니다. 이웃들이 "정말 좋은 일 하시네요!"라고 말하면, 그 사람은 이렇게 대답했습니다. "칭찬을 들으니 제가 더 기쁜걸요."

　서로 나누고 도움을 주면서 더욱 관대하고 폭 넓은 사회를 만들어 갈 수 있습니다. 이웃들을 도움으로써 그들이 사랑받고 있으며 관심의 대상이고 잊히지 않았다는 점을 일깨워 줄 수 있는 것입니다. 누군가에게 도움을 주어 그 사람이 행복해지면 결국 자신도 함께 행복해집니다.

★

당신이 후원하는 대상은 있습니까?
다른 사람들을 도우면서 본인의 자질, 능력, 기술, 지식, 태도 등에 대해
새롭게 알게 된 것이 있나요?
당신이 베푼 친절에 대해 상대는 어떤 식으로 고마움을 표현했나요?
이를 통해 어떤 자부심을 느꼈나요?

변화를 위해 직접 나서라

세상을 바꾸고 싶다면 나부터 달라져야 한다.
- 마하트마 간디

    우리 사회는 개선이 필요한 부분이 많이 있습니다. 내 손으로 과일과 채소를 재배하지 않는다면 더 좋은 먹을거리를 원해도 구하기가 어렵습니다. 에너지 소비 효율이 높은 저렴한 제품들이 난무하는 가운데서 친환경 세탁기를 고르는 일도 어려운 문제 중에 하나입니다. 대중교통 수단이 활성화되지 않으면 자동차를 이용하지 않는 것도 힘들어집니다. 통근 거리가 2시간이 넘는다면, 사랑하는 가족이 있다 해도 가족들과 많은 시간을 함께 보낼 수 있을까요? 집 주변을 산책하거나 자전거를 타고 이동하기 힘든 환경에서 어떻게 지역 사회와 긴밀한 관계를 맺을 수 있겠습니까?

    우리가 해야 할 일이 너무 많습니다. 하지만 모두가 변화를 원하고 있죠. 실제로 지역사회 발전계획을 통해 엄청난 변화를 만들어 낸 경우가 있습니다. 자전거 전용도로, 인도 그리고 가로등 설치로 집 근처에서 운동하기가 훨씬 쉬워졌습니다. 식자재 협동조합과 농장 직영 마켓을 통해 신선한 식재료들을 손쉽게 구할 수 있게 되었습니다. 지역 사회 유지들이 발 벗고 나서 주민들을 하나로 모이게 하고 다양한 문화를 장려하고 사회적 관계를 돈독히 하기 위해 애쓰고 있습니다. 앞으로 투표에 참여할 때는 지역 사회의 발전을 위해 표를 던질지, 아니면 나 자신을 위해 투표할지 고민해 봐야 합니다.

세계적인 관점에서도, 여러분이 사회적 이슈에 어떻게 참여할지 사회적 변화를 위해 어떤 행동을 취해야 할지 생각해 봐야 합니다. 변화를 만들려는 단체에 직접 참여하거나 소셜 네트워크 웹사이트를 통해 여러분의 인맥을 동원할 수도 있습니다. 이 세상을 더 살기 좋은 곳으로 변화시키기 위해 노력하는 사람들과 소통하고 싶다면, 인터넷은 매우 좋은 통로가 될 수 있습니다. 온라인을 통해 세계의 문제를 해결하기 위한 평화적 방안을 강구하는 캠페인에 참가할 수도 있겠죠. 인권과 환경보호를 위해 캠페인을 벌이는 단체에 가입하는 것도 좋은 방법입니다. 여러분이 지지하는 가치를 위해 직접 나서야 합니다.

★

이 세상을 더 살기 좋은 곳으로 만들기 위해 당신은 어떻게 변할 생각인가요?
어떤 방식으로 사회적 이슈에 당신의 목소리를 낼 수 있을까요?
당신과 같은 비전을 가진 사람들과 어떤 식으로 소통할 수 있습니까?
앞으로 어떤 변화를 만들고 싶습니까?

안전한 사회를 만드는데 동참하라

한 인간에 대한 궁극적인 척도는 안락하고 편안한 시기에 어떤 입장을
취하느냐가 아니라 도전과 논란의 시기에 어떤 입장을 취하느냐에 달려 있다.
– 마틴 루터 킹 주니어

사회가 주어진 기능을 착실히 수행할 때 국민의 신뢰도는 상승하게 됩니다. 사회적 관계와 신뢰는 삶의 만족도를 결정짓는 중요한 요소입니다. 비록 나와 비슷한 생각을 가진 사람들과 소통하는 것이 쉬워졌다지만, 그럼에도 여전히 우리와 다른 사람들을 신뢰하고 싶어지게 마련입니다. 사람 사이의 신뢰는 사회적 집단을 넘어서는 것입니다. 상대가 젊건 나이가 많건, 여자이건 남자이건, 이성애자이건 동성애자이건 혹은 다른 문화적 배경을 가졌다고 해도 신뢰도와는 아무 상관이 없습니다. 타인에 대한 신뢰도를 느끼기 위해서는 스스로 안전하다고 느껴야 합니다. 내가 안전하다고 느끼면 자신감이 생기고 자유로워집니다. 물론 자연스럽게 행복도 따라오게 됩니다.

하지만 불행히도 우리 사회 곳곳에서 폭력이 난무하고 있습니다. 하루가 멀다 하고 남녀 모두 가정, 직장 그리고 사회 속에서 폭력을 경험하고 있습니다. 그 폭력의 범주에는 물리적 폭력, 성폭행, 가정 폭력 등 위협적인 행위 모두 포함됩니다.

이런 폭력의 피해자들은 대부분 가해자를 알고 있습니다. 대부분의 피해자들은 자신을 성폭행한 사람이 누군지 압니다. 아동 성폭력을 저지

르는 사람 대부분이 피해자의 가족 중에 있다고 합니다. 가정 폭력의 경우, 말 그대로 가족 관계에 있는 사람들 사이에서 사건이 벌어지기 마련입니다.

하지만 다양한 이유 때문에, 피해자들은 경찰에 신고하거나 전문가와 상담 받는 것을 꺼려합니다. 실제로 그런 폭력이 범죄라는 사실을 인지하지 못하는 경우도 있습니다. 이처럼 폭력의 피해자들은 대부분 우울증, 불안장애, 약물 중독, 혹은 알코올 중독 그리고 자살 같은 정신적 질환에 시달리게 됩니다.

일부 공동체에서는 다함께 힘을 모아 지역주민들의 안전을 지키기 위해 노력하고, 어떠한 형태의 폭력도 좌시하지 않겠다는 경고의 메시지를 보냅니다. 이러한 움직임은 사회 구성원들의 안전을 사수하기 위해 공동체부터 변화해야 한다고 느끼고 모두가 힘을 합쳐 만들어 낸 것입니다. 어떤 단체에서는 경찰과 손잡고 가로등을 늘리고, 공중전화를 보수하고, 대중교통을 개선하는 등 더 안전한 사회를 만들기 위해 노력하고 있습니다.

폭력에 맞서기 위한 또 다른 방법으로는 평소 이웃들과 자주 왕래하는 것도 있습니다. 만약 폭력 상황이 벌어졌을 때, 어떻게 도움을 구할지 생각해 보세요. 폭력의 피해자는 대부분 고립되어 있거나 위축돼서 그러한 상황에서 벗어나기 힘듭니다. 그럴 때 친구나 이웃의 도움이 커다란 변화를 가져올 수 있습니다. 경찰에 신고하는 것을 두려워하지 마세요. 익명으로 신고하는 방법도 있습니다.

★

지역 공동체를 더 안전하게 만들기 위해서 어떤 식으로 힘을 보탤 수 있을까요?
공동체 내에서 벌어지는 폭력과 차별에 어떻게 맞설 수 있습니까?

풍요로운 사회환경을 만들라

한 명의 아이를 키우기 위해서는 온 마을이 필요하다.

- 아프리카 속담

1948년, UN 총회에서 채택된 인권선언문 제1조를 보면, "모든 인간은 자유롭게 태어났으며, 존엄과 권리에서 평등하다"라고 선언하고 있습니다. 모든 사회 구성원들이 자유롭고 평등하게 사회에 참여할 수 있어야 한다는 점을 강조한 것입니다.

'사회적 포용성'이라는 개념은 우리가 얼마나 일상생활을 제대로 꾸려갈 수 있느냐에 대한 것입니다. 더불어 우리는 모든 사람들이 자유롭게 사회에 참여하면서 좋은 세상을 꾸려갈 책임을 가지고 있고 동시에 어린이와 청소년, 노인과 장애를 가진 사람들에게 더 많은 관심을 가져야 할 필요가 있습니다.

어린이는 풍요로운 사회환경 속에서 더 많이 성장할 수 있습니다. 아동 친화적인 공동체에서 아이들은 더욱 가치 있는 존재로 여겨지며, 사회의 뒷받침과 존중 그리고 다양한 활동을 보장받을 수 있게 됩니다. 우리 아이들이 안전한 환경 속에서 자라고 소중하게 다뤄진다면 더욱 건강하게 성장할 수 있는 기회를 갖게 되는 것입니다. 학교에서도 공정한 대우를 받는다고 아이가 느낀다면 안정감 속에서 긍정적인 태도로 학업에 임할 수 있게 됩니다. 교사의 전폭적인 지지는 학생의 학업 성취도와

만족도에서 최상의 상태를 유지하게 도와줍니다.

장기간 질병이나 장애로 불편함을 느끼며 살아온 젊은 사람들은 주변의 도움을 받고 개인적인 성장을 이룰 기회를 얻었을 때 만족을 느낀다고 말합니다. 사회 속에서 평범한 삶을 누렸을 때, 진정한 행복을 느낀다는 것입니다.

장애를 가진 사람들을 위해서 사회는 여러 가지 부분에서 변화를 만들어 낼 수 있습니다. 신체적· 지적 능력이나 장애에 상관없이 다양한 스포츠와 레저 활동, 교육과 직장에 참여할 수 있는 기회를 지속적으로 제공하는 것은 매우 가치 있는 일이 될 것입니다.

노인을 공경하는 사회 분위기는 노인들의 능력과 힘의 가치를 인정하고 더욱 발전시키려고 노력합니다. 전 세계적으로 노령화가 계속되면서, 나이 든 사람들이 손자를 돌보고 부모 대신 양육에 참여하고 어린이와 청소년 교육에 적극적으로 참여하는 일이 늘어나고 있습니다. 젊은 부모보다 나이 든 조부모들이 아이들과 어울릴 수 있는 여유 시간이 많고, 손자를 데리고 흥미로운 장소를 찾고 세상을 가르쳐 줄 수 있는 유리한 입장에 있게 된 것입니다. 나이가 많은 집안의 어른은 가족의 역사나 대대로 내려오는 전통적인 요리법, 시대의 변화상이나 경험의 지혜 등 젊은 세대에게 물려줄 수 있는 가치 있는 지식의 창고라 해도 부족함이 없습니다.

많은 노년층들이 자원봉사에 나서고 시간제 일자리를 찾아 나서고 공동체 활동에도 두각을 나타내고 있습니다. 그 결과, 거동이 불편한 노인들을 적극적으로 보살피고 안부를 전하는 다정한 이웃이나 가족들의 지원이 소중하게 여겨지고 있습니다. 우리가 조금만 관심을 기울이면, 노인들이 더욱 오래 행복하게 살아갈 수 있습니다.

우리 사회의 다양한 집단들의 필요를 제대로 이해하고 모든 사람들이 사회환경 개선에 참여한다면 보다 풍요롭고 행복한 삶을 모두가 살아갈 수 있습니다.

★

아이들과 젊은이들이 미래를 설계하는 데 있어, 어떤 식으로 도움을 줄 수 있을까요?
주변 어른들의 경험과 지혜로부터 무엇을 배울 수 있습니까?
다른 사회 구성원들이 더욱 활발하게 사회에 참여할 수 있도록
도울 방법이 있을까요?

• 나의 지역 공동체와 소통하기 위한 약속 •

지역 공동체와 더욱 넓게 소통하기 위한 방법 :

현재보다 공동체와 더 많이 소통하기 위한 나의 목표 :

과거 공동체와 소통했던 방법 :

그 외에 나를 지지하고 응원해 줄 수 있는 것 :

나의 자신감을 높이기 위한 방법 :

다음으로 도전할 단계 :

환경보호에 앞장서라

우리 혼자서는 결코 성공에 이르지 못한다는 것을 잘 알고 있습니다.
때문에 우리는 하나가 되어 함께 행동해야 합니다.

- 넬슨 만델라

우리가 먹고 살아가고 여행하고 일하는 방식에서 획기적인 변화를 끌어내지 못한다면, 미래의 자연 환경은 암울합니다. 특히 현재 경제성장의 방식으로는 자원이 지속되기 어렵습니다. 이러한 현실을 인지하면서도 변화하지 않는다면, 자연 환경은 더욱 나빠질 것입니다. 사실 많은 사람들이 귀를 막고 눈을 감고, 그저 힘든 시기가 지나가기만을 바라고 있는 것처럼 보입니다.

그나마 다행인 것은 많은 정보와 데이터를 가지고 있어, 실제적인 변화를 만들어내기 좋아졌다는 사실입니다. 우리의 일상생활의 변화를 통해서 우리가 환경문제의 심각성을 인식하고 있음을 나타내어 이웃과 공감대를 넓힐 수 있습니다.

경제적 발전이 더 좋은 세상을 위한 열쇠가 아니라는 점을 깨닫고 새로운 삶의 가치를 만들어 가는 것이 무엇보다 중요합니다. 우리 모두가 사는 지구가 필요로 하는 것과 미래 세대에 대해 더욱 주의를 기울일 때, 실제적이고 지속 가능한 변화를 만들어 낼 수 있을 테니까요.

행복을 위한 여정은 근본적으로 지속 가능한 발전과 연결되어야 합니다. 유엔이 발표한 '세계행복보고서'에서는 이렇게 밝히고 있습니다.

만약 우리들이 아무 생각 없이 현재의 경제적 이익만을 추구한다면, 인간의 삶을 돕는 지구 환경을 약화시킬 위험이 있음을 깨달아야 합니다. 실제로 식량 공급, 깨끗한 식수, 안정적인 기후 요건 등이 위협받고 있습니다. 이는 인간의 건강과 직결되며 어떤 지역에서는 생사를 결정하는 수단이기도 합니다. 하지만 전 세계가 힘을 모아 현명하게 대처한다면, 지구를 지킬 수 있습니다. 이를 위해 최대한 인간이 환경에 해를 끼치지 않는 한도에서 행복과 생활만족도를 증진할 수 있는 건전한 생활 습관과 방식을 시도해야 할 것입니다.

우리 삶을 더욱 환경 친화적으로 변화시킨다는 것은 단순히 미래를 위한 것만은 아닙니다. 이를 통해 지금 더 건강하고 행복한 삶을 영위할 수 있게 됩니다. 우리가 우리 사회문제를 무관심으로 지나치는 것보다 작은 실천이라도 해나간다면 더욱 건강한 개인과 공동체로 거듭날 수 있습니다. 행여 환경을 오염시킬 수 있을 만한 것들을 줄여나감으로써, 개개인이 더욱 건강한 삶을 살 수 있는 선택을 하게 됩니다.

여러분 자신의 생활양식을 변화하는 것에서 나아가 공동체 속에서 더욱 활발한 변화를 끌어낼 수도 있겠죠. 친구 또는 동료들과 환경의 중요성에 대해 적극적으로 공유하고, 공동체에서 개최하는 모임에 참여하고, 생활양식의 변화를 알리는 환경단체에 가입하거나 자원봉사 활동에 참여해 보세요. 이런 단체에 가입한다면 다른 사람들과 소통하는 것이 쉬워집니다. 찾아보면 실제로도 환경단체와 기후변화에 대비하려는 조직들이 많습니다. 물론 동네에 있는 공원을 청소하고 강과 하천을 깨끗이 하기 위해 봉사를 하는 단체들도 있습니다. 여러분이 사는 지역에 있는 환경보호 단체를 찾아보고 그 일원이 되어보는 것도 좋습니다.

★

지속 가능한 발전과 경제적 발전, 둘 중 어느 것이 더 중요합니까?

더 적극적으로 환경적인 이슈에 대해 참여하려면 어떻게 해야 할까요?

쓰레기를 줄이고 재활용을 활성화하면 어떤 이점이 있을까요?

이러한 환경문제를 지역 사회에 알리기 위해서 어떻게 하면 좋을까요?

• Creative Challenge •

'기후변화'처럼 좀처럼 해결하기 힘든 문제들에는 무엇이 있는지 생각해 보세요. 이를 해결하기 위한 기발한 방법에는 어떤 것들이 있을까요? 그 방법을 글로 쓰거나 그려보세요.

• 그 문제를 해결하기 위해 생각해 낸 가장 과감한 방법은 무엇인가요?

• 그 방법을 다듬어서 더욱 실현 가능하게 만들 수 있을까요?

• 누구나 쉽게 따라할 수 있는 방향을 제시하고 있나요?

• 그 밖에 다른 해결책은 없을까요?

자연에 감사하라

자연을 더욱 깊이 탐구하라.
그러면 모든 것을 더욱 깊이 이해할 수 있을 것이다.

– 앨버트 아인슈타인

가족과 함께 갔던 캠핑 여행, 해변에서 보낸 휴가, 공원에서 뛰놀던 기억 등 어린 시절 자연과 접했던 경험은 환경보호를 향한 열정의 씨앗이 될 수 있습니다. 그만큼 어린 아이들과 십대들을 최대한 자연과 가까이 접할 수 있게 해주는 것이 매우 중요합니다.

우리 어른들도 자연의 숭고한 아름다움에 감사할 수 있는 시간이 필요합니다. 그렇지 않다면 환경보호가 단지 이론적인 자기 위안에 그칠 수 있습니다. 그러므로 이른 아침 들려오는 새소리처럼 자연의 아주 자그마한 선물이 최고로 아름다운 하루를 선사해 준다는 것을 느껴보세요.

도시에 살건 시골에 살건 자연의 아름다움을 접할 기회가 없다면 자주 집 근처 공원을 찾아 정신 건강을 유지하도록 하세요. 공원에 잠시 앉아서 사색을 즐기고, 빽빽하게 자란 각종 야생식물을 즐기는 것은 어떨까요? 감미로운 야생화가 자란 집 뒤뜰에 테이블을 놓고 잠시 시간을 보내는 것도 좋습니다. 아니면 지역에서 운영하는 정원을 찾아가 보는 것도 괜찮을 것 같네요.

자연에 대한 감사함을 느끼고 봉사할 기회를 얻기 위해서 숲속이나 해변 도로에 산책로를 만드는 일에 참여해 보는 것도 좋은 방법입니다. 그 외에도 자연과 소통하기 위해서 숲속이나 해안 도로를 걷거나, 빗속을 걷거나 바다에서 수영을 하거나 수족관 혹은 동물원을 찾아보는 것도 좋습니다.

★

어떤 방식으로 자연과 소통하고 있습니까?
어떻게 하면 삶을 단순화하고 자연을 더 많이 즐길 수 있을까요?
아이들에게 자연 친화적인 삶을 사는 법에 대해서 어떤 식으로 가르치고 있습니까?

자전거 타기와 걷기를 생활화하라

바쁜 일상의 황폐함을 경계하라.

– 소크라테스

안타깝게도 하루가 다르게 비만 인구가 늘고 유가는 치솟고 있는 게 우리의 현실입니다. 매월 가계부에 구멍이 뚫리고 출퇴근 시간에는 도로에서 보내는 시간도 늘어나고 있습니다. 이런 것이 그저 개인의 일상에서 벌어지는 문제일 수 있지만 넓게 보면 각종 교통수단이 뿜어내는 탄소와 오염물질들로 우리 환경이 고통받고 있습니다. 두 발로 걷거나 자전거로 이동하지 않고, 각종 교통수단을 이용할 경우 개인적으로나 자연적으로 큰 족적을 남기게 됩니다.

걷거나 자전거를 탈 때 우리는 바깥세상이 주는 즐거움과 도전 의식을 온몸으로 느낄 수 있습니다. 저도 어른이 되어 다시 자전거를 탔을 때, 마치 어린아이로 돌아가서 자전거를 타듯 엄청난 즐거움을 만끽했습니다. 현대인들은 일상생활 중에 운동을 생활화하기 위해 노력해야 합니다. 걷거나 자전거를 타고 출퇴근을 하면 시간이 더 걸리기는 해도 여러모로 유익한 일이 될 것입니다.

출퇴근 시 자동차를 이용하십니까? 혹시 다른 대안은 없을까요? 자동차를 유지하는 비용이 늘어나고 있지만 버스나 지하철은 개선되어 이용하는 것이 더욱 편해지고 있습니다. 대중교통을 이용하면 더욱 편하게 명상을 즐길 수 있고, 새로운 것을 배울 기회가 생깁니다. 음악을 듣거나 책을 읽을 수도 있겠죠. 카메라를 들고 다니면서 거리에서 마주치는 것들을 렌즈에 담을 수도 있을 겁니다. 만약 자동차 말고는 달리 출근을 할 도리가 없다면 카풀을 하는 것도 좋은 방법입니다. 그렇게 하면, 텅 빈 차들이 도로 곳곳을 가득 메우는 현상을 조금이나마 줄일 수 있을 거예요.

주말이나 외출할 일이 생기면 한 번에 여러 가지 일을 동시에 처리하도록 노력하세요. 가능한 한 번에 모든 걸 해결하는 것이 좋겠죠.

비행기를 이용했다면, 배출된 이산화탄소만큼 온실가스 감축 활동을 하거나 환경기금에 투자하는 '탄소 상쇄'에 대해 생각해 봐야 합니다. 아주 적은 비용으로도 비행기가 이륙할 때 생기는 탄소 배출로 인한 온실가스 완화에 도움을 줄 수 있을 테니까요. 부득이하게 비행기를 이용해야 할 경우에는 그 외의 부분에서 탄소 배출을 줄일 수 있도록 노력해야 합니다.

★

여러분의 생활방식을 개선하고 동시에 자연 친화적인 삶을 살 수 있는 방법에는 어떤 것이 있을까요?
되도록 걸어서 다닐 수 있는 좋은 아이디어가 있을까요?
자동차 대신 걷기나 자전거를 이용할 수 있는 때는 언제입니까?

절약하고 다시 쓰고 재활용해라

인생을 즐기기 위해서, 우리는 무엇보다 이를 소중히 다뤄야 한다.
- 볼테르

점점 더 많은 사람들이 지속 가능한 삶이 미래를 위한 열쇠라는 점에 공감하고 있습니다. 단지 '저공해 상품'을 사용한다고 해서, 환경적인 문제들이 해결되지 않는다는 것도 잘 알고 있죠. 저공해 상품을 이용하고 재활용하는 것도 도움이 되지만 무엇보다 절실한 것이 소비를 줄이는 것입니다.

여러분이 할 수 있는 것은 가능한 적게 사용하는 것임을 기억해야 합니다. 일상생활에서 실현 가능한 정확한 목표를 설정해 보세요. 가족들과 함께 대화를 나누고 서로를 격려해야 합니다. 여러분이 하는 일이 지구를 도울 수 있을 뿐만 아니라, 건강을 증진시키고 소비를 줄일 수 있다는 점을 잊지 마세요.

물 이용효율이 높은 제품을 사용해, 수도 사용량을 줄이고 빨래나 설거지가 가득 찼을 때만 세탁기와 식기세척기를 돌리도록 노력해야 합니다. 과일이나 채소를 세척할 때, 접시를 닦을 때도 싱크대나 통에 물을 받아서 사용하면 물을 절약할 수 있습니다. 양치를 할 때도 수돗물을 잠그는 습관을 들이고, 조금 힘들겠지만 샤워시간을 3분으로 줄이도록 노력해 보세요. 수도 절약용 샤워헤드를 설치해 온수 사용량을 줄이고 옷을 세탁할 때는 냉수를 써보면 어떨까요? 가능하다면 태양열 급탕시스템 설치도 고려해 보세요. 햇볕에 빨래를 말리면 여러분의 전기사용요금을 최대한 줄일 수 있을 겁니다.

정원에 있는 식물에 뿌리 덮개를 씌우면 물 사용량을 최대한 줄일 수 있습니다. 물탱크를 설치하거나 기타 저장 후 사용이 가능한 용기를 설치하고, 물이 많이 필요한 식물보다 적은 물로도 잘 자라는 야생 식물을 키우는 것도 좋습니다.

처마나 차양, 덧문이나 나무에 외부 가림 막을 설치해서 뜨거운 햇살이 새어 들어오지 않도록 해봅시다. 절연 공사를 하면 겨울에도 집안 공기를 훈훈하게 유지할 수 있습니다. 온도조절 장치를 적절히 조절해서 난방과 냉방을 적정한 온도로 유지해 보세요. 냉난방을 하기 전에 옷을 껴입거나 벗어보는 것은 어떨까요? 여러분에게 정말 냉난방 장치가 필요한가요?

사용하지 않는 전기 코드는 반드시 꺼두는 것도 잊지 마세요. 냉장고만큼 전기를 많이 잡아먹는 것도 없으니, 보조 냉장고를 사용하는 것도 고려해 보도록 합시다. 형광등만 갈아도 전기 효율을 더욱 높일 수 있습니다. 에너지 소비 등급이 높은 전자제품을 선택하고 전자제품은 항상 에너지 절약 상태로 설정하세요. 가장 좋은 방법은 녹색 전원 장치를 이용하는 것인데, 반드시 에너지 공급사와 상담을 해보는 것이 좋습니다.

여러분의 생활방식을 다시 점검하고 환경을 보존하기 위한 방법을 고민해 보세요. 이미 환경보호를 실천하고 있는 부분도 있을 테고, 앞으로 실행에 옮길 수 있는 방법도 많이 있습니다. 지금 당장은 어렵지만 앞으로 서서히 바꾸어 나갈 수 있는 길도 분명히 있을 거라고 생각합니다.

★

당신은 어떤 식으로 환경보호를 실천하고 있나요?
어떤 부분에서 잘 하고 있습니까?
앞으로 개선할 부분이 있을까요?
지금보다 더 달라지기 위한 방법은 어떤 것이 있나요?

쓰레기를 줄여라

적은 것으로 가능한 일에 가진 전부를 써버리지 말라.

– 외국 속담

언젠가 "쓰레기는 일종의 탐욕과도 같다"는 말을 접하고 과하다는 생각이 들었지만 곰곰이 생각해 보니 맞는 말이었습니다. 가진 것을 최대한 활용하고 많이 가지지 못한 사람들을 생각하면, 쓰레기를 줄이는 것은 정말 중요합니다. 게다가 쓰레기는 충분하지 못한 에너지와 자원을 대폭 감소시키기도 하니까요.

매일매일 음식점에서는 손도 대지 않은 멀쩡한 음식들이 버려지고 슈퍼마켓에서는 유통기한이 임박한 식료품을 대량 처분하고 있습니다. 또한 농작물을 경작하는 농민들은 시장에 내다 팔기에 작거나 못생겼다는 이유로 멀쩡한 채소를 내다 버리고 있습니다. 일반 가정에서도 냉장고에 넣어두고 쓰지 않은 멀쩡한 채소를 버리기도 합니다. 어부들은 좋은 값을 받지 못한다는 이유로 죽은 생선을 다시 바다에 던져버립니다. 시장에 나오면 산 생선과 비슷한 가격을 받을 수 있는데도 말이에요.

하지만 우리가 낭비하고 있는 것들을 유용하게 활용하고 있는 프로그램과 단체들이 많이 있습니다. 자선단체에서는 음식점에서 처분하는 멀쩡한 음식을 수거해서 가난한 사람들에게 나눠주는 후원 프로그램을 운영하고 있죠. 예술가들은 '발견된 오브제'라는 예술을 통해 기존의 일상용품을 예술작품으로 바꾸는 작업에 참여하고 있습니다. 이렇게 재활용에 눈을 돌리는 사람들이 증가하면서 옷을 바꿔 입고 구제품을 파는 웹사이트들이 늘어나고 있습니다. 쓸모가 없어진 물건들을 새롭게 만들어 활용하기 위한 캠페인이 벌어지는 셈인데요. 과거 이삭줍기가 끝나고 남은 곡식을 버리는 대신 다시 주워서 여물로 활용했던 것을 떠올려 보면 이해가 가실 겁니다.

여러분이 더 이상 사용하지 않는 물건들을 처분하는 방법에도 여러 가지가 있을 수 있습니다. 웹사이트에 나눔 광고를 올리거나 이웃 혹은 친구에게 주거나, 필요하신 분이 가져가서 사용해도 좋다는 메모를 붙여 집 앞에 내놓을 수도 있을 겁니다. 차고 세일을 하는 것도 잡동사니를 줄이고 이웃과 교류하고 쓰레기를 줄이고 용돈을 벌 수 있는 좋은 방법이 될 수 있답니다.

제품을 구입할 때도 조금만 현명하게 움직이면 쓰레기를 줄일 수 있습니다. 과대포장이 된 상품을 피하고 재활용 제품을 선택해 보는 것은 어떨까요? 정말로 필요한 물건이 아니라면 구입하지 않도록 하세요. 제 경우에는 당장 사고 싶지만 그리 필요치 않은 물건을 보면, 머릿속으로만 간직해 두려고 합니다. 그리고 몇 번이고 생각하고 나서도 필요하다고 생각이 들면 다시 와서 물건을 구입합니다. 그렇게 여러 번 생각하고 고민한 끝에, 불필요한 소비 충동을 억제할 수 있었습니다.

여러분도 저처럼 여러 질문을 하면서 까다로운 소비자가 되어 보세요.

"이 물건이 정말 나에게 필요한가?"

"이 물건을 살 능력이 되는가?"

"이 물건을 구입하면 내가 원하는 삶을 살 수 있을까?"

이렇게 세 가지 질문을 던져보면 현명한 선택을 하는데 큰 도움이 될 겁니다. 미리 쇼핑 목록을 작성해서 가지고 가면 불필요한 물건을 사는 일을 미연에 방지할 수 있을 거예요.

제 친구 중 한 명은 옷장에 있는 옷을 전부 꺼내 입어보면서 옷을 덜 사입겠다고 새해 다짐을 한 경우도 있었습니다. 여러분도 환경보호의 일환으로 '옷장 활용하기'를 통해 절약을 실천해 보세요!

★

어떻게 하면 쓰레기를 적극적으로 줄일 수 있을까요?
어떻게 지구가 필요로 하는 변화를 끌어낼 수 있을까요?

집안을 디톡스하라

변화를 만들어 낼 수 있는 것처럼 행동하라.
정말 변화가 일어날 것이다.

- 윌리엄 제임스

광고 회사들은 엄청난 돈을 들여가면서, 여러분의 집을 표백하고 살균하고 세균으로부터 보호해야 한다고 홍보를 하곤 합니다. 바로 우리의 안전을 위해서 말이죠. 하지만 병원에서조차 오래전부터 유독성을 흡입할 수 있는 문제 때문에 병실 표백 작업을 중단했다는 점에 대해서는 말하지 않습니다. 실제로 화학제품이나 향수에 알레르기를 가진 사람들이 많이 있습니다. 화학제품의 사용을 줄이는 것은 비용면에서도 경제적이고 환경보호를 위해서도 좋고 건강에도 유익합니다.

비누와 물, 중탄산염을 함유한 소다, 백식초 등의 친환경 청소용품과 제품들을 슈퍼마켓에서 많이 접할 수 있는데요. 오렌지유의 경우에는 놀라운 세정력을 자랑하지만, 오렌지 향기만 더해 놓은 제품들이 있으니 주의해서 선택하셔야 합니다. 연세가 지긋하신 이웃 중에서도 대대로 내려오는 효율적이고 친환경적인 세정 비법을 하나쯤 알고 있을지 모릅니다.

건강상의 이유로 카펫 대신 자연 바닥을 선호하는 경우가 늘어나고 있습니다. 밀랍 왁스를 사용해서 나무 제품과 가구를 닦으면 원래 광을 되살리는데 뛰어난 효과를 볼 수 있습니다. 수성 페인트나 천연 식물로 만든 페인트를 사용해 보세요.

해충을 박멸하기 위해 화학제품에 의존하지 않도록 해야 합니다. 방충망을 설치해 해충의 접근을 막고, 갈라진 틈이나 벌어지고 부식된 부분을 미리 수리하는 것이 중요합니다. 해충을 유인하지 않도록 음식을 바깥에 보관하는 것도 피해야겠죠. 마지막으로 해충을 막기 위해 되도록 독성이 적은 방식을 선택해야 합니다. 해충을 방지하는 식물성 원료에는 유칼립투스, 티 트리, 레몬그라스, 그리고 시트로넬라 오일 등이 있습니다.

혼식을 하면서 퇴비를 만들면 정원에 살충제와 제초제 사용을 줄일 수 있습니다. 유기농 제품을 이용하면 화학제품 사용을 줄이고 지역 경제도 살릴 수 있음을 기억해 두세요.

다양한 친환경적인 선택들처럼, 위에 소개한 일상생활의 대안들은 더욱 건강하고 저렴하고 환경에도 도움이 되는 결과를 가져올 수 있습니다. 그로 인해 우리 마음도 훨씬 편해지고 결국에는 행복해질 수 있게 될 겁니다.

★

어떻게 하면 건강과 환경에 이로운 청소 방법으로 바꿀 수 있을까요?
어떻게 친환경적 정원 가꾸기의 이점을 잘 활용할 수 있을까요?

일터를 친환경적으로 바꿔라

우리 인류가 진정으로 살아남고자 한다면
실질적이고 새로운 사고의 방법을 가져야 한다.
- 앨버트 아인슈타인

가정에서는 친환경적인 부분을 세심하게 신경 쓰지만, 직장에서는 덜 쓰는 편인가요? 지금까지 함께 살펴보았던 여러 가지 부분들은 여러분의 직장에서도 중요하고 똑같이 적용할 수 있는 것들입니다.

기술발전으로 종이 사용량을 줄이는 것이 수월해졌습니다. 프린트를 하기 전에 다시 한 번 생각하고, 가능한 양면 프린트를 사용하세요. 최대한 재활용 제품을 사용하고 뭐든 다시 쓰는 습관을 가져야 합니다. 새 봉투를 사용하는 대신 라벨을 붙여서 재활용하는 것도 좋겠죠. 잘못 프린트된 종이는 집에 가져가서 아이들이 그림 연습을 하는 데 사용하세요.

비행기를 타고 불필요한 탄소 배출을 하면서 회의에 참석하기보다는 화상 회의나 인터넷을 활용하면 어떨까요? 노트북을 사용하면 데스크톱보다 전기 사용량을 줄일 수 있습니다. 에너지 효율이 높은 전구로 교체하고 그린 파워를 설정하세요. 최대한 에어컨 사용을 줄이고 밤에는 전등이나 컴퓨터의 전원을 꺼두도록 합니다.

저 같은 경우에는 직장 내에서 환경보호를 위한 그룹을 만들고 있는데요. 비용과 쓰레기 절감 측면에서 엄청난 절약을 할 수 있어 효율적일 뿐만 아니라 굉장한 즐거움도 느낄 수 있답니다. 그룹을 이루어 쓰레기를 최소화하는 점심식사를 하고 지역에서 생산되는 농산물로 만든 음식을 먹고, 남은 음식은 용기에 담아 재활용하는 등 환경보호에 대한 열정을 높이고 있습니다. 정기적으로 퀴즈를 풀면서 환경보호에 대한 지식을 늘리고 더 나은 개선책을 만들기 위해 노력하기도 하죠. 친환경적인 태도는 직원들을 화합하게 만들고 나아가 직장생활에 대한 만족도를 높여줍니다. 다른 사람에게 이러한 상황을 자랑스럽게 알리고 더 많은 사람들이 참여할 수 있도록 유도해 보세요. 여러분은 직장에서 절약하고 재활용하기를 어떻게 실천하고 있나요?

★

당신의 일터를 친환경적으로 바꾸기 위해 무엇을 하시겠습니까?

• 환경을 보호하기 위한 나와의 약속 •

지구의 환경을 지속하기 위한 나만의 방법 :

현재보다 환경을 더욱 개선하기 위한 나의 목표 :

과거 환경을 대하던 방식 :

그 외에 나를 지지하고 응원해 줄 수 있는 것 :

나의 자신감을 높이기 위한 방법 :

다음으로 도전할 단계 :

즐겨라

여러분의 미소 띤 얼굴이 삶을 더욱 아름답게 만듭니다.

– 틱낫한

인생을 즐긴다는 것은 때로 모든 것에 신경을 끄고 편안히 쉬는 것을 의미합니다. 이런 즐길 시간을 낸다는 것은 여러분이 가장 쉽게 행복해 질 수 있는 방법이기도 합니다. 여가를 즐기는 시간은 정말 심취해서 시간이 얼마나 지났는지조차 알아차릴 수 없는 것을 말하는 거죠. 때로는 여러분이 즐기는 여가생활이 개인적 도전과 동시에 맞물릴 수도 있으며 자신의 존재의 의미를 되새길 수 있는 계기가 될 수도 있습니다.

심리학자 마틴 셀리그만은 행복을 세 가지로 분류한 바 있습니다. 즉, '즐거운 삶', '좋은 삶' 그리고 '의미 있는 삶'인데요. '즐거운 삶'에는 긍정적인 감정들과 우리가 좋아하는 일이 포함된 것입니다. '좋은 삶'은 내가 가진 힘과 자원을 통해 상황을 개선시켜 변화를 만드는 것을 뜻합니다. '의미 있는 삶'은 내가 가진 힘과 미덕을 통해 더욱 넓은 의미의 변화를 실현하는 것입니다. 그 중 '의미 있는 삶'을 사는 것은 최고로 궁극적인 행복을 가져온다고 할 수 있습니다.

여러분이 즐기는 여가생활을 수동적인 것과 능동적인 것이 적절히 조화를 이루도록 해야 합니다. 만약 휴식을 하기 위해 TV를 시청한다면 다른 활동을 통해 그만큼의 즐거움을 찾을 수는 없을지 고민해 보세요. 뭔가 능동적이고 창의적인 취미생활을 가진다면 여러분의 하루에 더 많은 행복을 가져다줄 수 있을지 모르니까요. 어떤 종류의 여가활동이 여러분의 인간관계를 풍요롭게 만들고 가족들에게 긍정적인 영향을 미칠 수 있을지 고민해 보도록 합니다.

가장 이상적인 것은 휴식과 여가를 즐기는 시간에 다양한 종류의 활동을 함께 진행하는 것인데요. 그저 재미로 하는 활동들 속에 여러분이 가진 재능과 끼를 더해서 더욱 도전적으로 즐겨보는 것은 어떨까요? 즐기는 삶은 삶이 더욱 가치 있다고 느끼게 해줄 테니까요.

★

가장 좋아하는 여가생활은 무엇입니까?
언제 가장 원기가 충전되고 편하다고 느끼나요?
어떻게 하면 여가 시간을 효율적으로 보낼 수 있을까요?
당신과 가족들을 더욱 풍요롭게 해줄 수 있는 여가활동에는 어떤 것들이 있습니까?

책을 읽어라

어린 아이들처럼 즐거움을 얻기 위해 읽지 마라.
야심가들처럼 교훈을 얻기 위해서 읽지도 마라.
오직 살기 위해서 읽어라.

- 구스타브 플로베르

대부분의 사람들은 이렇게 생각합니다. 일요일 아침, 편하게 소파에 앉아서 책을 보고 특별히 몸을 움직이지 않아도 된다면 정말 행복할 것 같다고 말이죠. 반대로 어떤 사람은 생각만 해도 지루하다고 여기는 사람들도 있습니다. 사람마다 성향은 다 다르지만 그럼에도 불구하고 '책 읽기'는 나가서 활동을 하는 것보다 어떤 면에서 의미 있는 일이 될 수 있습니다. 책을 읽으면 상상할 수 없을 정도로 엄청난 보상을 받을 수 있습니다. 책을 통해 새로운 아이디어를 얻고 세상에 대한 인식을 넓힐 수 있으니까요.

여러분의 독서 영역을 넓혀 보세요. 온라인으로 리뷰를 검색하고 주말 신문이나 잡지에 실린 책 소개를 눈여겨보면 어떨까요? 친구들이나 지역 도서관 사서, 혹은 서점 직원에게 좋은 책을 추천해 달라고 하는 것도 좋습니다. 독서모임에 참여하는 것도 좋은 방법이 될 수 있겠죠. 완전히 새로운 분야의 책을 읽고 그에 대해 열렬히 토론을 해보세요. 다른 사람들과 아이디어를 나누고 열정을 함께 느껴보세요. 만약 시간이 여의치 않다면, 시나 단편소설처럼 짧은 글을 읽어보는 것도 좋습니다.

아니면 직접 펜을 들고 종이 위에 여러분에 대한 글을 써 내려 가도록 하세요. 시도 좋고, 짧은 글 혹은 긴 글도 좋습니다. 메모도 좋고 재미있는 연극도 좋겠죠! 교양을 쌓는다는 것은 문화와 호흡하는 것을 의미합니다. 그리고 교양을 쌓기 위한 가장 좋은 방법은 여러분 자신의 글을 써보는 것입니다.

★

어떤 종류의 책을 즐겨 읽습니까?
독서하기 가장 좋은 시간은 언제인가요?
제일 좋아하는 책과 그 이유는요?

음악을 감상하라

음악은 정신적인 삶과 감각적인 삶의 매개체이다.

- 루트비히 판 베토벤

음악을 사랑하고 음악 없이는 살 수 없는 분들, 손들어 보세요! 악기를 연주하고 춤을 추고 노래하고 음악을 감상하는 등 음악은 우리에게 여러 가지 형태의 행복을 선사해 줍니다.

때문에 신경 과학자들이 음악은 섹스를 할 때 느껴지는 오르가즘과 약물, 그리고 초콜릿과 비슷한 방식으로 뇌의 쾌락 영역, 즉 중뇌변연계를 활성화시킨다고 말하고 있습니다. 그리고 그 사실에 놀랄 일도 아닙니다. 저 같은 경우에는 기분이 좋아지는 음악을 틀어놓고 온몸을 리듬에 맡기고 거실에서 몸이 가는 데로 움직이는 것을 가장 좋아합니다. 아이들과 함께 하면 더할 나위 없이 좋은 운동이 되기도 됩니다.

물론 혼자 오롯이 음악을 듣는 것도 즐거운 일일 겁니다. 특히나 흐트러진 마음을 다잡고 지나간 추억들을 곱씹으며 분위기를 잡고 싶을 때는 말이에요. 그 밖에도 밴드나 합창단에 가입해서 다른 사람들과 소통을 하며 음악을 마음껏 즐길 수도 있습니다. 춤을 배우고 악기를 연주하고 라이브 밴드의 공연을 구경하는 것도 사람들과 만날 수 있는 좋은 기회가 될 테고요.

베토벤은 청력을 잃은 후에도 최고의 걸작을 만들어냈습니다. 그의 대표작 중 여러 작품이 청력을 잃은 후 만들어졌으니까요. 그의 열정은 음악을 향한 것일 뿐만 아니라 삶을 향한 것이기도 했습니다. 죽기 전까지 그가 작곡한 작품의 양은 실로 엄청나게 많았으며, 그 모든 것들이 삶을 위한 투쟁의 결과가 아닌가 싶습니다. 베토벤의 작품에는 청각 상실과 통증 그리고 정신 이상 등 여러 건강상의 문제들과 어린 두 동생을 돌봐야 한다는 그의 사명감이 그대로 반영되어 있습니다.

음악은 여러분의 삶에 큰 의미를 주며 완전히 새로운 개성을 부여하기도 합니다. 일부 세대들이 음악으로부터 받은 영향력은 인생을 완전히 뒤바꿀 정도로 어마어마한 것이었습니다. 1960대의 포크 뮤직, 1970년대의 디스코와 펑크 뮤직, 1980년대의 팝, 그리고 1990년도의 드럼과 베이스가 바로 그런 음악이라고 볼 수 있습니다.

여러분의 취향은 어떤가요? 클래식, 포크, 록, 힙합, 재즈, 팝, 월드 뮤직 혹은 다양한 음악이 뒤섞인 장르일 수도 있겠죠. 자신의 음악 취향과 상관없이 라디오나 온라인을 통해 여러분의 음악적 지평을 넓혀보는 것은 어떨까요?

★

어떤 종류의 음악을 좋아하나요?
평소 음악을 들을 기회가 생길 때는 언제인가요?
당신에게 특별한 영감을 준 음악이 있습니까?

다양한 문화 활동을 즐겨라

인생에서 선택을 해야 할 때, 살아있음을 잊지 말라.
- 사무엘 존슨

영화, 미술, 연극 같은 문화적 활동은 우리 삶을 풍요롭게 해줍니다. 또한 그런 활동은 매력적이며 몰입할 수 있고 삶을 보다 가치 있게 느낄 수 있도록 도와줍니다. 이러한 종합예술은 우리의 이야기를 나누고 지난 경험들 속에서 의미를 탐구하는 것이기도 합니다.

노르웨이에서 있었던 연구에 따르면, 문화적 활동에 참여하는 사람들이 훨씬 더 자신의 삶에 만족할 확률이 높다고 합니다. 그 연구 결과 중에서 남성의 경우 문화를 눈으로 즐기는 것을 선호하고, 여성의 경우 직접 참여하는 것을 더 선호한다는 상반된 결과가 나오기도 했습니다.

많은 사람들이 영화를 감상하고 작품에 대해 이야기를 나눕니다. 영화를 감상하는 것은 그만큼 즐거운 일이니까요. 영화감상은 데이트할 때도 빼놓을 수 없는 필수 코스입니다. 친한 친구들과 영화 감상 클럽을 만들어 함께 즐기고 토론하는 시간을 가져보세요. 영화 광팬들은 영화를 분석하고 카메라 앵글을 예의주시하고 대본과 조명, 감독과 연기력까지 하나도 놓치지 않습니다. 영화 곳곳에 숨어 있는 디테일을 놓치지 않고 연구하여, 영화가 관객에게 말하고자 하는 바가 무엇인지 밝히려고 애를 쓰죠. 그렇다고 모든 영화를 분석할 필요는 없습니다. 영화 감상은 그저 눈으로 보는 것만으로도 즐겁고 일상생활에서 경험할 수 없는 것들을 보여주는 것이기도 하니까요. 외국에서 제작된 영화들은 그들의 이국적인 문화를 엿볼 수 있는 기회가 되기도 합니다. 서로 다른 시기와 장르별로 영화를 감상해보세요.

영화와 같은 시각적인 예술은 우리를 더욱 살아 숨 쉬게 하고 더욱 열정적으로 만들어 줍니다. 우리의 상상력을 붙잡고, 조금 다른 각도에서 사물을 볼 수 있도록 도와주기도 합니다. 그리고 우리를 살아있다고 느끼게 만들고 그러한 기분은 혼신을 다하여 삶을 살도록 이끌어 주기도 합니다. 가끔 미술관에 가는 것도 흥미로운 경험이 될 수 있습니다. 특히 개막전에 가보면 풍성한 볼거리들이 많습니다. 온라인을 통해서도 여러 작품들을 즐길 수 있지만 많은 사람들이 진품을 수집하는 취미를 가지고 있는데 지역작가나 막 떠오른 신예들의 작품은 가격이 저렴한 편입니다. 독특하고 충격적인 그림이나 작품 혹은 조각 작품들은 집안 분위기를 확 바꿔주고, 작품을 볼 때마다 여러분의 기분을 즐겁게 만들어 줍니다.

연극의 경우는 작은 공간에서 같이 호흡하며 즐길 수 있는 예술이고 몸과 마음을 순식간에 사로잡는 매력이 있습니다. 배우들과 한 공간에서 숨 쉬고 그들의 감정을 그대로 느끼며 이야기가 진행됩니다. 이러한 경험 역시 다른 곳에서는 느낄 수 없는 독특한 것이기도 합니다.

★

여러분의 삶에서 예술은 어떤 역할을 차지하고 있나요?
어떤 경우 문화 행사에 참여할 기회가 생깁니까?
어떻게 하면 그 기회를 최대한 활용할 수 있을까요?

창의성을 키워라

창의력에는 용기가 필요하다.

- 앙리 마티스

창의적인 생각은 평상시보다 영감을 느끼는 찰나 불현듯 떠오릅니다. 우리 삶에서 창의성을 발휘할 기회들은 많지만, 여가야말로 여러분 자신을 표출할 수 있는 최고의 기회가 됩니다. 창의적인 행동은 여러분의 식견과 통찰력을 높여주고 자신에 대해 더욱 깊게 탐구할 수 있게 해줍니다.

시간이 가는지도 모를 정도로 어떤 것에 정신이 팔리고 완전히 몰입해 본 경험이 있나요? 그런 상태를 '절정의 상태' 혹은 '몰입의 경지'라고 말합니다. 여러분의 온 신경이 그 행위에 집중되어 너무나 쉽게 강렬함을 경험할 수 있게 되는 상태를 말하는데요. 머릿속에 있던 고민이 사라지고 자의식이 더욱 강해지는 것을 경험할 수 있습니다. 다른 잡념들이 떠오르지 않고, 영원히 그 상태가 지속되었으면 하는 기분을 느낍니다. 연구에 따르면 그러한 자기 주도적이고 목표 중심적이고 의미 있는 행위로 인한 몰입 상태는 가장 큰 행복의 경지를 끌어낸다고 합니다.

당장 붓을 꺼내서 그림을 그려보는 것은 어떨까요? 아니면 붓은 던져버리고 손가락 끝으로 그림을 그려보는 것도 좋겠죠. 조각, 사진, 도자기, 조판, 누드 드로잉, 설치 미술과 디지털 미디어 등 여러분이 시도해 볼 수 있는 예술의 형태는 실로 다양합니다. 그림 동호회에 가입해서 여러분의 끼를 발산하는 것도 좋겠네요.

수공예 역시 여러분에게 잠재된 창의성을 탐험할 수 있는 좋은 기회를 줍니다. 수많은 사람들이 세대를 거듭해 뛰어난 손기술을 이어가고 있습니다. 근처에 있는 대학이나 수공예용품점을 찾아 새로운 아이디어를 얻어 보세요. 여러 공구를 가지고 숨겨진 손재주를 발휘할 수 있을지도 모르니까요. 목공예, 오래된 가구 복원, 창문에 모자이크나 문양 넣기 등에 도전해 보세요. 아니면 여러분의 영혼을 따스하게 만들어 줄 뜨개질, 수제 방적, 방직, 혹은 패치워크 퀼팅도 좋겠네요. 자신의 개성이 담긴 독특한 티셔츠를 만들어 보면 어떨까요? 실크 스크린 프린팅이나 장신구 만들기에 도전해 보는 것도 좋습니다. 기회가 된다면 도전해 보고 싶은 것은 무엇인가요? 지금 당장 도전해 보세요.

★

어떤 식으로 자신의 창의성을 표출하고 있나요?
어떤 창의적 활동에 끌립니까?
무엇을 할 때, 시간이 가는 줄 모르고 열중했나요?
이러한 창의적 활동들이 어떤 면에서 만족감을 줄까요?

스포츠를 즐겨라

행복은 나누기 위해 만들어진 것 같다.

– 피에르 코르네유

스포츠는 우리 인생에 보는 즐거움과 참여하는 즐거움, 두 배의 기쁨을 안겨줍니다. 시간과 에너지를 할애해 스포츠에 투자하는 것은 일상으로부터 탈출할 수 있는 최고의 기회입니다. 우리는 스포츠를 즐기는 가운데서도 다른 어떤 것도 침범할 수 없는, '절정의 상태' 혹은 '몰입'의 경지에 이를 수 있습니다. 다양하고 넓은 분야의 스포츠가 존재한다는 것은 그만큼 누구나 보는 즐거움과 참여하는 즐거움을 느낄 수 있다는 뜻이기도 합니다.

우리는 누군가와 경쟁한다는 짜릿함 이외에도 여러 감정들을 느낄 수 있는데요. 한 팀의 일원이 되어 맛보는 흥분은 높은 산에 올랐을 때 느끼는 기분처럼 형언할 수 없는 기쁨을 선사합니다. 규칙적인 운동이 주는 여러 장점들에 대해서는 이미 잘 알고 계시리라 생각하는데요. 아침 일찍 일어나 짧은 조깅을 즐기는 것만으로도 에너지가 샘솟는 것을 느낄 수 있습니다. 덕분에 촉촉한 이슬을 머금은 아침 해가 떠오르는 모습을 보며 하루를 시작하는 단순한 즐거움을 하루 종일 느낄 수 있을 테니까요.

자녀들이 마음껏 뛰놀면서 운동하는 것을 보는 것은 부모에게도 큰 즐거움이지만 아이들에게도 훌륭한 경험이 될 수 있습니다. 스포츠를 통해 친구들과 우정을 쌓고 팀워크를 배우고, 여러 기술을 익히고 도전에 맞서는 법을 배울 수 있을 테니까요.

여러분이 평소 좋아하는 팀이 경기에서 승리를 거두고 신이 나서 빙글 빙글 도는 모습을 보는 것은 주말에 좋아하는 영화를 볼 때와 똑같은 감동을 느끼게 해줍니다. 함께 뛰고 응원하고 소리치며, 여러분이 가진 감정의 에너지를 승리의 짜릿함에 모두 쏟아 부을 수도 있겠죠. 반대로 패배로 인한 괴로움도 피할 수 없는 것일 테고요.

하나의 팀을 응원한다는 것은 가족이 되는 것과 같습니다. 어떤 사람들은 스포츠를 하나의 종교, 신념과 같다고도 표현합니다. 어딘가에 소속되어 있다는 것은 굉장한 기쁨을 주는데요. 자신이 응원하는 팀이 점수를 올릴 때마다 난생 처음 보는 사람들끼리 하이파이브를 하고 서슴 없이 대화를 이어가는 모습도 심심찮게 볼 수 있습니다. 가끔 중요한 경기가 열리기 전에 커다란 운동장이 터져나갈 정도로 가득 찬 군중들이 애국가를 부르는 모습을 보면 가슴이 뭉클해지기도 합니다. 만약 오랜 기간 서포터로 활동했다면, 긴 슬럼프 끝에 자신의 팀이 승리의 깃발을 들어 올리는 모습을 보면 가슴이 터질 것 같은 감동을 느낄 수 있습니다.

★

주로 즐기는 스포츠는 무엇인가요?
어떤 종류의 스포츠가 여러분의 인생에 기쁨을 주나요?

가슴속에 간직했던 꿈을 펼쳐라

우리가 할 수 있는 일을 모두 해냈다면
우리 스스로가 가장 놀랐을 것이다.
- 토마스 에디슨

오랫동안 가슴에 품고 살았던 꿈이나 꼭 한 번 해보고 싶은 일 혹은 기술이 있나요? 어쩌면 모험을 떠나고 싶은 분들도 있을 겁니다. 해외로 여행을 가거나 무작정 도보 여행을 떠나거나 산을 오르거나 보트를 타거나 스키, 하이킹, 캠핑을 떠나고 싶은 분도 있겠죠. 어쩌면 예술품을 만들고, 책을 쓰고, 영화를 찍고, 전시회를 열고, 밴드를 꾸려보고 싶은 분도 계실 겁니다.

성취감을 느끼고 하루하루 일상을 달성하는 것 말고도, 누구나 개인적으로 도전하고 싶은 일을 가지고 있습니다. 새로운 기술을 배우고 창의적인 프로젝트를 만들고 개인적 목표를 달성하려는 분도 계실 겁니다. 사람에게는 늘 하고 싶었으나 여전히 못하고 있는 일이 있거나 새롭게 발견한 흥미 있는 일이 있기 마련입니다.

혹시 언어가 전혀 통하지 않는 곳에 여행을 떠나본 적이 있나요? 6개국 언어에 능통한 유럽인들이 득실거리는 곳에서 미운 오리 새끼가 된 것 같은 기분을 느껴본 적은요? 새로운 언어를 배우는 것은 즐거운 일이고 식견을 넓히는 데도 도움이 됩니다. 언젠가 여행을 가보고 싶은 나라의 언어를 배워보는 것은 어떨까요? 그 나라의 언어와 문화 그리고 사람들에 대해 배우고 나면, 여행을 갔을 때 더욱 큰 짜릿함을 느낄 수 있을 겁니다. 그렇게 계속 배우다 보면 새로운 세상이 열릴 수도 있습니다.

여러분이 오랫동안 바라던 꿈을 집에서 이룰 수도 있는데요, 장식품을 만들거나 정원을 가꾸거나 가구를 복원하는 것도 가능할 수 있습니다. 춤이나 악기 연주를 배우고 게임을 하고 집에서 직접 술을 담글 수도 있습니다. 근처 주민 센터에서 열리는 수업에 참여하면 더 맛깔난 음식을 만드는 요리사가 될 수 있습니다. 뜨개질이나 바느질, 사진 촬영, 강연을 하거나 세련된 와인 전문가로 거듭날 수도 있겠죠.

마라톤처럼 오랜 훈련을 거치고 나서야만 도전할 수 있는 것들도 있습니다. 여러분이 가슴속에 간직했던 꿈을 펼치고 싶다면, 지금도 늦지 않았습니다. 당장 시작하세요.

★

어떤 꿈을 가지고 있나요?
그 꿈을 이루는데 당신의 어떤 자질이 도움이 될 것 같습니까?

• Inspiring Idea •

미래에 그 꿈이 이루어졌을 때를 생각하면서, 현재의 자신에게 편지를 써보세요. 지금으로부터 5년, 10년 후의 자신의 모습이 어떨지 묘사해 보는 것인데요.
이를 통해 여러분이 바라는 것, 희망과 꿈을 정확히 찾아낼 수 있습니다.
그 꿈을 이루고 나서 어떤 점이 달라졌는지도 자세히 적어보세요.

여행을 떠나라

어떤 사람들은 다른 나라, 다른 삶, 다른 영혼을 찾아
영원히 떠돌아다닌다.

– 아나이스 닌

대부분 사람들이 여행을 좋아합니다. 여행은 새로운 것을 경험하고 일상으로부터 벗어나 삶의 지평을 넓힐 수 있는 최고의 길이기도 하니까요. 새로운 문화와 음식, 그리고 언어를 탐구하는 것은 세상에 대한 이해를 넓히고 새로운 흥미를 끌어내 줍니다.

연구에 따르면, 휴가를 가고 여행을 떠나는 사람들이 그렇지 않은 사람보다 더 행복하다고 합니다. 더 편하게 휴가를 보낼수록 그로 인한 여운도 오래 간다고 하죠. 비록 여행에서 돌아올 때에는 여행 전의 행복지수 정도로 다시 돌아오기는 하지만요.

여행에 열광하는 이유는 각양각색입니다. 여행지에서 만나게 되는 건축이나 세계 맥주에 열광하는 사람들도 있을 겁니다. 색다른 문화에 흠뻑 젖어들고 싶거나 반대로 혼자 고독을 씹으며 완전한 휴식을 취하고 싶어서일 수도 있겠죠. 이 나라 저 나라의 곳곳을 짧게 여행하고 싶을 수도 있고 한 곳에 오래 머물면서 그곳의 미묘한 일상을 온몸으로 느끼고 싶을 수도 있습니다.

어디론가 떠나고 싶어 발이 근질근질 하다고요? 인도 갠지스 강변의 바라나시를 순례하고 싶은가요? 네팔에서 트래킹을 즐기고 싶으세요?

러시아 대륙 횡단 열차를 타고 몽골이나 중국으로 가고 싶나요? 뉴욕이나 리우데자네이루를 도보로 돌고 싶으세요? 뱀 부리는 사람부터 온갖 이국적 정취가 물씬 풍기는 모로코 남부의 옛 도심 마라케슈에서 파리의 에펠 타워까지, 여러분은 뭐든 할 수 있습니다. 마추픽추로 하이킹을 가고 타지마할과 인도 라자스탄의 장엄함을 느낄 수도 있을 테죠. 러시아 상트페테르부르크의 마린스키 극장에서 발레 공연을 감상하고 동경에서 스모 경기를 관람하고 부에노스아이레스에서 탱고 레슨을 받는 것은 어떨까요?

반대로 완전한 휴식 상태에서 자기반성의 공간을 찾아볼 수도 있습니다. 라오스의 루앙프라방의 고요한 절을 체험해보고, 태국 코팡안 섬 해변에서 나른한 휴식을 즐기고, 일본의 홋카이도의 뜨거운 온천물에 몸을 담가보는 것도 좋습니다.

자연을 감상하고 싶다면 배를 타고 베트남 하롱베이를 돌고 피지의 야사와 군도에서 스노클링을 즐기고 뉴질랜드에서 하이킹을 하고 입을 떡 벌리고 그랜드 캐니언 국립공원과 애리조나의 콜로라도 강을 감상해 보는 것도 나쁘지 않습니다.

여행 도중 어떤 것을 만나게 될지 모르지만, 뭔가 특별한 경험이 될 거예요! 그리고 여러분의 계획에 조금 빗나간다고 해도, 그 결과에 만족하도록 노력해야 합니다. 여행을 통해 유연한 태도를 배우고 다양한 기회와 각양각색의 경험에 열린 마음을 갖도록 해주니까요.

하지만 색다른 경험을 하기 위해서 지구 반대편까지 꼭 가야 할 필요는 없습니다. 모험은 집과 가까운 곳에서도 충분히 경험할 수 있습니다. 여러분의 집 주변 정경을 감상하고 고국이 지닌 아름다움에 대해 깊이 생각해 본 적이 있습니까?

여행은 나를 돌아보고 인생의 우선순위를 다시 점검할 수 있는 여유를 줍니다. 영화 〈사랑도 통역이 되나요?〉에서 빌 머레이가 연기를 맡았던 남자 주인공 밥을 기억하시나요? 한물 간 배우로 일본에 가서 위스키 광고를 찍게 되는데, 이런 대사를 하는 부분이 있습니다.

"난 완전히 길을 잃었어……. 잘 모르겠어. 그냥…… 건강해지고 싶어. 앞으로는 몸 관리를 제대로 해야 할 것 같아. 건강식도 챙겨먹고. 파스타 같은 건 먹기 싫어. 앞으로는 일식 같은 걸로 챙겨먹어야 할 것 같아."

여러분도 영화 속 주인공 밥처럼 잠시 일상에서 벗어나서, 긍정적인 삶의 변화를 끌어낼 영감을 받아보면 어떨까요?

★

가장 선호하는 휴가 형태는 무엇인가요?
제일 좋아하는 휴가 장소 열 곳을 적어 보세요.
보통 휴가를 가면 어떻게 시간을 보내나요?
'집에 돌아가기 전까지 이것만 했으면 좋겠다.' 싶은 생각이 들 때는 언제인가요?

아이들과 시간을 보내라

막상 즐거움을 찾으려고 하면 눈에 잘 띄지 않는다.
가장 위대한 즐거움의 불꽃은 예상치 못한 것에 의해 활활 타오르게 마련이다.
- 사무엘 존슨

자녀들과 함께 즐거운 시간을 보내는 것은 부모로서 누릴 수 있는 가장 큰 기쁨입니다. 하지만 그저 즐거운 것이 아니라 아이들이 성장하고 배워나가기 위한 필수적인 부분이기도 하죠. 부모와 함께 시간을 보내면서 아이들은 다른 사람과 신뢰를 쌓고 의지하는 것을 배울 수 있기 때문입니다. 이를 통해 자신이 사랑받고 안전하다는 것을 느끼고 세상에 이치를 하나 둘 깨닫게 됩니다.

연구 결과에 따르면 특히 출생 후 3년 동안의 주변 환경과 경험이 아이들의 성장에 가장 큰 영향을 준다고 합니다. 놀이는 아이들의 자부심과 사회성을 키우는 데 가장 중요한 역할을 합니다. 다른 사람들과 함께 놀이를 하면서 사회성을 키우고 자신과 다른 사람을 이해하고 공감하는 능력도 키울 수 있습니다.

아이들과 함께 즐길 수 있는 놀이로는 신체적인 활동이 중심이 되는 줄넘기, 음악에 맞추어 춤추기, 자전거 타기 등이 있습니다. 그림을 그리거나 물건을 만들거나 책을 읽는 것도 조용한 놀이가 될 수 있겠죠. 오래된 잡지와 가위, 풀을 이용해서 콜라주 놀이를 즐겨 보세요. 계란 곽과 파이프 청소 도구를 이용해서 거미나 애벌레를 만들어보고 수염 달린 고양이도 만들 수 있습니다. 집 밖으로 나가서 스펀지와 칫솔, 손과 발을 이용해서 페인트칠을 해보는 것은 어떨까요? 셀로판 용지와 페인트를 섞어서 색상을 여러 가지로 조합해 보세요. 가족들의 손과 발을 찍어, 누구의 것인지 찾아보는 것도 재미있을 겁니다.

놀이에 사용할 유용한 재료는 주변에 많이 있습니다. 버리는 상자로 아이들에게 집을 만들어줘도 되겠죠. 신문지를 접어서 해적 모자를 만들 수도 있습니다. 밀가루 반죽이 없어도 밀가루, 물, 소금과 약간의 색감을 위해 오일 몇 방울만 더하면 원하는 반죽을 쉽게 만들 수 있습니다. 오일을 넣으면 반죽을 가지고 노는 동안 향기도 느낄 수 있어 좋습니다. 반죽을 숟가락으로 떠서 작은 기타를 만들고 도시락도 만들어 볼 수 있습니다. 주전자에 쌀을 채워서 셰이커처럼 흔들어 보는 것도 좋습니다.

공원으로 가서 갖가지 소리에 함께 귀를 기울이고, 비눗방울을 만들고, 분필로 바닥에 발자국을 그려보는 것도 재미있는 놀이가 될 겁니다. 함께 소풍을 가고 풍선으로 발리볼을 하고 숨바꼭질 놀이도 빼놓을 수 없겠죠.

노래하고 동화책을 읽고 그림자로 인형극을 하는 것도 창의성을 높이고 즐거움을 주는 놀이가 될 수 있습니다. 해진 양말과 단추 두 개로 양말 인형을 만들고 철 지난 옷을 꺼내 입고 연극을 해보는 것도 좋겠죠. 아이들에게 직접 배역을 선택하게 하고 함께 새로운 이야기를 만들어 가는 것도 즐거운 일이 될 겁니다.

아이들이 스스로 연극을 주도할 수 있도록 해주세요. 아이들의 말에 귀를 기울이고 질문을 던져보세요. "와, 곰이 정말 멋지구나. 그래서 다음에는 어떻게 되는데?" 물론 아이들이 다치거나 연극이 엉망이 되지 않도록 관찰하는 것도 잊어서는 안 됩니다. 충분한 시간을 두고 실험하고 실수가 나올 것도 어느 정도 예상해야 합니다. 혹여 자녀들과 지나치게 경쟁하지 않도록 주의하세요. 그런 태도는 아이들의 의욕을 떨어트리고 놀이에 대한 흥미를 잃게 만들 수 있습니다. 아이들이 노력한 만큼 충분히 칭찬하고 용기를 주세요. 아이들에 대한 사랑을 표현하고 아이들이 잘 하는 점에 대해서 정확히 알려주고 칭찬도 아끼지 말고 해주세요.

★

자녀들과 함께 했던 놀이 중에서 가장 즐거웠던 것은 무엇인가요?
최근 자녀들 때문에 웃었던 적이 있었나요?
자녀들과 보내는 시간과 일하는 시간 중 어떤 시간을 더 많이 갖고 싶습니까?

• 즐거운 시간을 보내기 위한 나와의 약속 •

지금까지 내가 여가를 보내고 휴식을 취했던 방법 :

현재보다 더욱 즐거운 시간을 보내기 위한 나의 계획 :

과거 여가를 대하던 방식 :

그 외에 나를 지지하고 응원해 줄 수 있는 것 :

나의 자신감을 높이기 위한 방법 :

다음으로 도전할 단계 :

행복을 유지하기

WHAT
MAKES
YOU HAPPY
PART 3

MAINTAINING THE
HAPPINESS

최선책을 찾아라

성공의 사다리를 가장 잘 오르는 방법은
기회의 발판을 하나씩 내딛는 것이다.

- 아인 랜드

가끔씩 멈춰서 나의 인생이 어떻게 흘러가고 있는지 뒤돌아보는 것이 좋습니다. 특히 어느 쪽 길로 가는 것이 더 나은지 확실히 판단해야 합니다. 맨 처음 이 책을 펼쳤을 때를 돌이켜보고, '지금은 무엇이 더 좋아졌는가?'를 떠올려 보세요.

앞에서 배웠던 '스케일링' 기법(추상적인 생각을 명확하게 만드는 방법)을 사용하면, 과거 여러분이 어땠는지를 돌아보고 앞으로는 어떤 식으로 목표를 향해서 한 단계 나아갈 지를 그려볼 수 있습니다.

0부터 10까지 숫자를 놓고 볼 때, 0은 가장 좋지 않은 쪽이고 10은 가장 좋은 쪽입니다. 여러분은 지금 어느 정도 수준에 와 있습니까?

★

지금까지 가장 행복했던 순간을 숫자로 나타낸다면요?
그때 왜 행복했나요? 어떻게 그런 행복을 느낄 수 있었죠?
지금보다 더 만족스러운 생활을 하기 위해 어떻게 행동할 건가요?

성공을 자축하라

챔피언은 체육관에서 만들어지지 않는다.
내면 깊은 곳에 있는 꿈, 희망, 비전으로부터 만들어진다.
마지막 순간 끈기를 가져야 하며, 더 빨라야 하고, 기술과 의지가 있어야 한다.
하지만 의지가 기술보다 더욱 강해야 한다.
- 무하마드 알리

일단 삶을 변화시키고자 마음먹었다면 그 변화로 인한 차이를 느낄 수 있어야 합니다. 지금까지 얼마나 멀리 왔는지 살펴보세요. 여러분이 중요하다고 생각하는 것과 의미 깊은 것을 추구하며 살고 있는지, 시간을 두고 찬찬히 음미해 봐야 합니다. 그리고 가장 중요한 것은 자신의 성공을 기뻐하는 것입니다. 이런 말도 있습니다. "성공을 불러오는 데는 성공만 한 것이 없다." 그러니, 지금까지 일군 것들을 충분히 즐겨 보는 것이 어떨까요? 샴페인이라도 한 병 따서, 지금까지 애썼다고 자신을 다독여 주세요. 성공을 자축하지 않고 살기에 인생은 짧으니까요.

★

더 행복한 삶을 살기 위한 여정 중에 어떤 점이 개선되었습니까?
본인이 어떻게 달라졌다고 느끼나요?
주변 사람들은 뭐라고 합니까?
어떻게 자신의 성공을 자축하고 싶습니까?

예상치 못한 난관을 극복하라

나는 실패한 것이 아니다.
그저 만 가지의 잘못된 방법을 발견한 것뿐이다.

– 토마스 에디슨

변화하려는 노력에는 늘 시행착오가 따르기 마련입니다. 어렵게 첫걸음을 떼어 나아가려 하지만 넘어지고 엎어지기 마련이고 하지만 또 일어나서 나아갈 용기를 내는 것이 삶입니다. 그러므로 어떻게든 끝까지 버텨야 합니다. 위험에 당당히 맞서고 때로는 실패해도 괜찮다는 생각을 가지고 정한 목표를 향해 나아갈 수 있도록 더욱 자신감을 불어넣어 줄 수 있는 길을 찾아야 합니다.

세상을 살다보면 언제나 새로운 기회를 만나게 됩니다. 덕분에 어떤 문제가 생겨도 그것이 영원히 지속될 수 없는 거죠. 인생에는 좋을 때도 있고 나쁠 때도 있다는 것을 인정하세요. 행여 일이 잘못 흘러가는 것 같을 때는 화도 나고 확신도 없어지고 주저앉고 싶어질 수도 있겠지만, 그건 잠시일 뿐이에요. 항상 기억하세요. 인생에는 또 다른 기회가 있게 마련이니까요.

만약 잘못된 길로 가고 있다는 것을 깨달았다면, 어떻게 하면 다시 제자리로 돌아갈 수 있을지 고민해 보면 됩니다. 더 이상 잘못된 길로 가지 않으려면 어떤 도움을 받아야 할지 생각해 보세요. 현재의 실패가 앞으로 다가올 미래의 난관을 극복하는데 어떻게 도움이 될까요? 여러분이 경험했던 실패로부터 어떤 것을 배울 수 있었는지 떠올려 봅시다. 자신의 잘못을 용서하고 그 경험을 미래를 위한 발판으로 삼아 보세요.

★

여러분의 목표를 향해 나아가는데 어떤 장애물이 나타났습니까?
그 장애물을 극복하기 위해 어떤 도움을 받았나요?
그런 문제가 생기지 않았다면 어땠을까요?
그 문제로 인해 무엇이 달라졌습니까?
현재의 문제가 해결되고 나서 어떤 일이 생기길 바랍니까?

가능성을 계속 찾아라

우리는 모두 시궁창에 있지만 우리 중 몇은 별을 바라보고 있다.
– 오스카 와일드

우리의 모든 습관과 좋아하는 생활양식이 있음에도 불구하고 변화에 대한 요구는 끊임없이 피해갈 수 없는 것이 사실입니다. 그러나 한 번에 크게 변화하는 것보다 더 중요한 것은 무엇인가를 할 때 조금은 다르게 할 수 있는 작은 기회를 놓치지 않는 것입니다. 우리가 하는 매번의 선택에서부터 변화는 시작될 수 있습니다. 여러분을 더욱 행복한 길로 데려다줄 실마리를 찾아서 이를 실험해 보는 것도 좋습니다.

문제와 해결책이 항상 직접 연결되어 있는 것은 아닙니다. 그러므로 문제를 규정하는데 골머리를 썩일 것이 아니라 해결책이 어떤 모습일지를 그려보도록 하세요. 또한 각기 다른 해결책에 따른 가능성을 타진해 보도록 하세요. 어떤 것을 선택하던 긍정적인 변화가 찾아올 테니까요. 죽어라고 정답을 찾으려고 하면 안 됩니다.

일단 여러분이 원하는 큰 그림을 그렸다면, 원하는 결과를 가져다줄 작은 단계부터 천천히 밟아나가야 합니다. 작은 노력이 큰 변화를 가져오는 법입니다. 그리고 나서, 작지만 신중하고 긍정적인 걸음을 내딛어 보세요. 더욱 큰 행복을 향한 가능성의 길을 탐험하기 위해서 평소의 습관을 과감히 버려야 합니다.

효과적인 방법을 활용하세요. 마음을 열고 여러분의 삶에 더욱 많은 행복이 깃들 수 있도록 하세요. 다른 건 신경 쓰지 말고 당당하게 최선을 다하면 됩니다.

★

어떻게 하면 일상 속에 숨겨져 있는 새로운 가능성에 눈 뜰 수 있을까요?
어떤 면에서 발전한 것 같습니까?
어떤 방식으로 지금의 계획을 계속해 나갈 생각입니까?
더욱 큰 행복을 위한 새롭고 창의적인 아이디어를 생각해 본 것이 있나요?

어려울 때는 도움을 구하라

친구들의 도움 그 자체보다는
친구들이 나를 도울 거라는 확신이 더 큰 힘이 된다.
– 에피쿠로스

역경이 닥쳤을 때는 도움을 받을 수 있을 만한 것들을 먼저 떠올릴 수 있어야 합니다. 그러면 문제를 다른 각도에서 살펴보고 성공할 확률을 높일 수 있을 테니까요. 무엇보다 주변 친구들이나 가족으로부터 가장 큰 도움과 지원을 받을 수 있습니다.

여러분에게 닥친 문제가 어떤 것이냐에 따라서 각 분야의 전문가를 찾아가 조언과 도움을 구할 수 있습니다. 의사, 심리치료사, 자산관리사, 개인 트레이너 등 여러분의 행복을 위해 도움을 줄 수 있는 사람을 찾아보도록 하세요.

인생 상담 코치는 개인의 생활에 대한 조언을 해주고, 각종 단체나 모임에서도 원하는 목표를 이루는 데 도움을 주고 있습니다. 고객이 원하는 목표를 이룰 수 있게 해주고, 더 높은 것을 성취하고, 실질적이고 철학적인 도구를 이용해 힘을 북돋워주기 위해 노력합니다. 또한 목표를 향해 집중할 수 있도록 하고 성공으로 가는 길로 이끌어 주기도 합니다. 이러한 전문가들은 지금 현재 여러분이 있는 곳과 앞으로 가고자 하는 곳 사이에 다리를 놓을 수 있도록 세부적인 계획을 세우는 데도 도움을 줍니다.

때로는 아무리 노력을 해도 실패할 때가 있습니다. 내가 원하는 것과 이를 위해 무엇을 해야 하는지 알고 있다 해도 누군가의 도움을 받아야 하는 상황도 생기게 마련입니다. 그럴 때는 언제 도움을 구해야 하는지 아는 것도 중요하며, 그 사실에 부끄러워하지 마세요. 그 은혜는 나중에 갚을 날이 꼭 올 겁니다. 그러니까 주저하지 말고 다른 사람이 베푸는 도움의 손길을 최대한 활용하세요.

★

당신에게 필요한 도움을 줄 사람이 있습니까?
살면서 누군가의 도움이 꼭 필요한 때는 언제라고 생각합니까?
누가 가장 큰 도움이 될까요?
어떤 방식으로 도움을 줄 것 같습니까?

큰 그림에 집중하라

천 리 길도 한 걸음부터 시작해야 한다.

－ 노자

    한 걸음 물러서서 여러분이 그린 큰 그림을 살펴보세요. 저는 제 인생의 모든 영역을 점검할 때마다 이 방법을 사용합니다. 특히 제 인생에 모든 에너지와 시간을 집중할 수 있는 휴일이 되면, 인생의 큰 그림을 떠올려 보려고 하는 편인데요. 이를 통해 나 자신을 돌아보고, 제대로 나아가고 있는지 확인하고, 그간의 성공을 자축하고, 어느 부분에 더욱 에너지를 쏟아야 할지를 판단합니다. 나 자신이 제대로 균형을 잡고 있는지 평가하고 가장 중요한 것이 무엇인지 확인해 보도록 하세요.

인생 영역	현재 제대로 진행 중인 것	현재 목표	다음 단계
자신의 가장 좋은 친구가 되라			
말끔하게 단장하라			
나만의 생활공간을 디자인하라			
건강과 웰빙을 위해 노력하라			
재정 상태를 점검하라			
적극적으로 일하라			
인간관계를 맺어라			
지역 공동체와 소통하라			
환경보호에 앞장서라			
즐겨라			

지나온 길을 되돌아보라

지금까지 내가 해결했던 모든 문제들은
그 후에 다른 문제를 해결하는 규칙이 되었다.

– 르네 데카르트

지금까지 여러분이 변화하는 과정에 가장 도움이 되었던 것이 무엇인지 떠올려 보세요. 어떤 자원을 활용했나요? 어떤 힘을 이용했고 어떤 문제가 제일 힘들었습니까? 여러분이 원하는 가치를 만들고 행복한 삶을 살기 위해서 자신과 어떤 약속을 했습니까?

★

이 책이 어떤 면에서 가장 도움이 되었나요?
지금까지 제시되었던 질문들이
당신이 원하는 목표를 성취하는데 어떤 도움을 줬습니까?
이 책 말고 도움이 된 것은 없었나요?
지금까지 충실하게 행복을 위한 여정을 계속 했습니까?
어떻게 성공할 수 있었나요?
당신의 노력을 꾸준히 이어가기 위한 다음 단계는 무엇인가요?

• 더 행복한 삶을 위한 나와의 약속 •

현재까지 이룬 것들과 앞으로 유지하고 싶은 것 :

지금 내가 이룬 성과가 나에 대해 말해주는 것 :

지금까지 일군 변화를 축하하기 위한 나만의 방식 :

현재보다 개선된 직장 생활을 위한 나의 목표 :

나에게 도움과 지원을 주는 모든 것 :

나 자신과 소통하기 위한 방법 :

다음으로 도전할 단계 :

마지막 바람

이제부터 상상도 못했던 기적이 펼쳐질 것이다.

– 윌리엄 셰익스피어

지금 여러분 모두가 웰빙과 오랜 행복을 향한 길을 걷고 계시기를 바랍니다. 지금까지 여러 질문과 과제, 그리고 실험에 성실하게 참여해 주셔서 감사합니다. 여러분에게 가장 적합한 방식으로 행복을 향해 열심히 나아가고 계신지 궁금하네요. 여러분이 진짜 소중하게 생각하는 것은 무엇을 의미합니까? 지금까지 일궈낸 결과물을 보고 여러분 스스로도 많이 놀라셨을 거라고 생각하는데요.

지금까지 행복을 향한 여정이 값지고 아름다운 시간이 되셨기를 바랍니다. 모두들 건강하고 행복하세요.

| 참고문헌 |

1. De Jong, P & Berg, IK 2002, *Interviewing for Solutions*, 2nd edn, Wadsworth, Pacific Grove.

2. Taylor, P, Funk, C & Craighill, P 2010, *Are We Happy Yet?* Washington, DC: Pew Research Center, 2006. [http://www.pewsocialtrends.org/files/2010/10/AreWeHappyYet.pdf]

3. Prochaska, JO & DiClemente, CC 1986, 'Toward a comprehensive model of change', in WR Miller and N Heather (eds.), *Treating addictive behaviors: Processes of change*, Plenum Press, New York, pp. 3–28.

4. Davidhizar, R & Hart, A 2006, 'Are you born a happy person or do you have to make it happen?' *The Health Care Manager*, 25(1), pp. 64–9.

5. Berg, IK & Szabo, P 2005, *Brief Coaching for Lasting Solutions*, WW Norton & Co, New York.

6. Porter, L 1997, *Children are people too: A parent's guide to young children's behaviour*, 2nd edn, Flinders University, Adelaide.

7. Gyatso T [HH The Fourteenth Dalai Lama] 1992, *The Global Community and the Need for Universal Responsibility*, Wisdom Publications, Boston.

8. Eckersley, R 2004, *Well and Good*, Text Publishing, Melbourne.

9. Layard R, Clark A & Senik, C 2012, 'The causes of happiness and misery' in *World Happiness Report*, John Helliwell, Richard Layard and Jeffrey Sachs (eds), The Earth Institute, Columbia University.

10. Headey, B, Muffels, R & Wagner, GG 2010, 'Long-running German panel survey shows that personal and economic choices, not just genes, matter for happiness,' *Proceedings of the National Academy of Sciences of the United States of America*, 107(42), pp. 17922–6.

11. World Health Organization 2011, *Obesity and overweight*, http://www.who.int/mediacentre/factsheets/fs311/en/index.html, accessed 7 April 2012.

12. Helliwell, JF, Layard, R & Sachs, J 2012, 'Some policy implications' in *World Happiness Report*, John Helliwell, Richard Layard and Jeffrey Sachs (eds), The Earth Institute, Columbia University.

13. World Health Organization 2012, *Mental Health, Suicide Prevention*, http://www.who.int/mental_health/prevention/suicide/suicideprevent/en/, accessed 7 May 2012.

14. World Health Organization 2009, Global health risks: *Mortality and burden of disease attributable to selected major risks*, http://www.who.int/healthinfo/global_burden_disease/GlobalHealthRisks_report_full.pdf, accessed 29 April 2012.

15. Chida, Y & Steptoe A 2008, 'Positive psychological well-being and mortality: A quantitative review of prospective observational studies', *Psychosomatic Medicine*, 70(7), pp. 741–56.

16. World Health Organization 2004, *Global strategy on diet, physical activity and health*, http://www.who.int/dietphysicalactivity/strategy/eb11344/strategy_english_web.pdf, accessed 25 August 2012.

17. World Health Organization 2010, *Cluster Strategy: Noncommunicable diseases and mental health 2008–2013*, www.who.int/nmh/publications/who_nmh_2009_2/en/index.html, accessed 25 August 2012.

18. Hardy, LL, Denney-Wilson, E, Thrift, AP, Okely, AD & Baur, LA 2010, 'Screen time and metabolic risk factors among adolescents', *Archives of Pediatrics and Adolescent Medicine*, 164(7), pp. 643–9.

19. World Health Organization 2011, *Alcohol factsheet*, www.who.int/mediacentre/factsheets/fs349/en/, accessed 7 April 2012.

20. Rehm, J, 'The risks associated with alcohol use and alcoholism', *Alcohol Research & Health*, 34(2), pp. 135–43.

21. Shaw, M, Mitchell, R & Dorling, D 2000, 'Time for a smoke? One cigarette reduces your life by 11 minutes', *British Medical Journal*, 320(7226), p. 53.

22. Doll, R, Peto, R, Boreham, J & Sutherland, I 2004, 'Mortality in relation to smoking: 50years' observation on male British doctors', *British Medical Journal*, 328(7455), p. 1519.

23. United Nations, *World Drug Report 2010*, http://www.unodc.org/documents/wdr/WDR_2010/World_Drug_Report_2010_lo-res.pdf, accessed 21 May 2012.

24. Bogduk, N 2004, 'Management of chronic low back pain', *Medical Journal Australia*, 180(2), pp. 79–83. References 249

25. Sachs, J 2012, 'Introduction' in *World Happiness Report*, John Helliwell, Richard Layard & Jeffrey Sachs (eds), The Earth Institute, Columbia University.

26. Easterlin, RA, McVey, LA, Switek, M, Sawangfa, O & Zweig, JS 2010, 'The happiness–income paradox revisited', *Proceedings of the National Academy of Sciences of the United State of America*, 107(52), pp. 22463–8. www.pnas.org/cgi/doi/10.1073/pnas.1015962107

27. Gallup World, http://www.gallup.com/poll/world.aspx, accessed 21 May 2012.

28. Warna, C, Lindholm, L & Eriksson, K 2007, 'Virtue and health — finding meaning and joy in working life', *Scandinavian Journal of Caring Science*, 21(2), pp. 191–8.

29. Mehl, MR, Vazire, S, Holleran, SE & Clark, S 2010, 'Eavesdropping on happiness: Wellbeing is related to having less small talk and more substantive conversations', *Psychological Science*, 21(4), pp. 539–41.

30. Chapman, G 1992, *Five Love Languages: How to express heartfelt commitment to your mate*, San Val, Missouri.

31. Fowler, JH, Christakis, NA 2008, 'Dynamic spread of happiness in a large social network: Longitudinal analysis over 20 years in the Framingham Heart Study', *British Medical Journal*, 337(a2338).

32. Christakis, NA, Fowler, JH 2007, 'The spread of obesity in a large social network over 32 years', N Engl JMed , 357(4), pp. 370–9.

33. Christakis, NA & Fowler JH 2008, 'The collective dynamics of smoking in a large social network', *New England Journal of Medicine*, 358, pp. 2249–58.

34. Rowe, L & Bennett, D 2005, *You can't make me: Seven simple rules for parenting teenagers*, Random House, Sydney.

35. Steptoe, A, O'Donnell, K, Marmot, M & Wardle, J 2008, 'Positive affect and psychosocial processes related to health', *British Journal of Psychology* ,

99, pp. 211–27.

36. Davies, JB (ed), *Personal Wealth from a Global Perspective*, UNU-WIDER Studies in Development Economics, Oxford University Press, October 2008.

37. Thoits, PA & Hewitt, LN 2001, 'Volunteer work and well-being', *Journal of Health and Social Behavior*, 42(2), pp. 115–31.

38. United Nations, *Universal Declaration of Human Rights*, http://www.un.org/en/documents/udhr/, accessed 21 May 2012.

39. Samdal, O, Nutbeam, D, Wold, B & Kannas, L 1998, 'Achieving health and educational goals through schools: A study of the importance of the school climate and the students' satisfaction with school', *Health Education Research*, 13(3), pp. 383–97.

40. Natvig, GK, Albrektsen, G & Qvarnstr.m, U 2003, 'Associations between psychosocial factors and happiness among school adolescents', *International Journal of Nursing Practice*, 9(3), pp. 166–75.

41. Berntsson, L, Berg, M, Brydolf, M & Hellstrom, AL 2007, 'Adolescents' experience of wellbeing when living with a long-term illness or disability', *Scandinavian Journal of Caring Sciences*, 21(4), pp. 419–25.

42. Bruno, MA, Bernheim, JL, Ledoux, D et al. 2011, 'A survey on self-assessed well-being in a cohort of chronic locked-in syndrome patients: Happy majority, miserable minority', *BMJ Open*, 1(1), 1:e000039.

43. Seligman, M 2002, *Authentic Happiness*, Random House, Sydney.

44. Kringelbach, ML & Berridge, KC 2010, 'The neuroscience of happiness and pleasure', *Social Research*, 77(2), pp. 569–678.

45. Cuypers, K, Krokstad, S, Holmen, TL, Knudtsen, MS, Bygren, LO & Holmen, J 2012, 'Patterns of receptive and creative cultural activities and their association with perceived health, anxiety, depression and satisfaction with life among adults: the HUNT study, Norway', *Journal of Epidemiology and Community Health*, 66(8), pp. 698–703.

46. Csikszentmihalyi, M 1991, Flow: *The psychology of optimal experience* , Harper Perennial, San Francisco.

47. Nawijn, J, Marchand, MA, Veenhoven, R & Vingerhoets, AJ 2010, 'Vacationers happier, but most not happier after a holiday', *Applied Research in Quality of Life*, 5(1), pp. 35–47.

옮긴이 **정윤희**

서울여자대학교 대학원에서 번역학 박사과정을 마치고 세종대학교, 중앙대학교, 부산대학교, 동서울대학교, 서울디지털대학교에서 번역학, 영문학, 영상번역 등을 강의하고 있다. 소니픽쳐스, 월트디즈니, 20세기 폭스, CJ 엔터테인먼트 등 개봉관 영화 번역가로 활동했으며 MBC, Onstyle, 하나TV 등 공중파와 케이블, 부산국제영화제, 부천국제영화제 번역가로도 활동하고 있다. 현재 하니브릿지에서 전문번역가로 활동 중이다.
주요 역서로는 『비밀의 정원1,2』, 『스노우 화이트 앤 더 헌츠맨』, 『실버라이닝 플레이북』, 『악어와 레슬링하기』, 『앨리스와 앨리스: 같은 시간을 두 번 산 소녀의 이야기』, 『펄 벅을 좋아하나요?』 등이 있으며, 장동건 헐리우드 진출작인 『워리어스 웨이』 영화 번역을 하였다.

난 오늘 뭘 해야 행복할까?

초판 1쇄 발행 2016년 6월 20일
초판 4쇄 발행 2017년 11월 22일

지은이	피오나 로바즈
옮긴이	정윤희
펴낸이	이희철
기획편집	양승원
마케팅	임종호
북디자인	디자인홍시
펴낸곳	책이있는풍경

등록	제313-2004-00243호(2004년 10월 19일)
주소	서울시 마포구 월드컵로31길 62(망원동, 1층)
전화	02-394-7830(대)
팩스	02-394-7832
이메일	chekpoong@naver.com
홈페이지	www.chaekpung.com

ISBN	978-89-93616-94-1 03320

이 도서의 국립중앙도서관 출판시도서목록(CIP)은 서지정보유통지원시스템 홈페이지
(http://seoji.nl.go.kr)와 국가자료공동목록시스템(http://www.nl.go.kr/kolisnet)에서
이용하실 수 있습니다. (CIP제어번호 : CIP2016013104)